LETTRES DE BOUR

LETTRES CHOISIES

D'EDMOND BOUR

A SA FAMILLE

(1848-1866)

Avec une préface par MM. le docteur Joseph BERTIN,
médecin honoraire des hospices de Gray, membre correspondant
des académies de Besançon et de Dijon,
et Charles GODARD, docteur ès-lettres, professeur
au lycée du Puy.

GRAY

IMPRIMERIE ET LITHOGRAPHIE DE GILBERT ROUX

—

1905

EDMOND BOUR

D'après une photographie agrandie

PRÉFACE

Le mathématicien graylois Edmond Bour a eu déjà ses biographes : M. Paul de Chardonnet, son condisciple à l'Ecole polytechnique, lui a consacré quelques pages dans les *Annales franc-comtoises* du mois de mai 1866 ; une autre notice est l'œuvre du secrétaire de la Société Philomatique de Paris, M. Résal, qui fut professeur à la Faculté des Sciences de Besançon (1). Notre compatriote est mentionné dans les *Biographies de la Haute-Saône*, par M. Suchaux, la *Notice sur le Nouveau collège de Gray*, et la nouvelle édition de l'*Histoire de Gray*, de MM. Gatin et Besson.

Le deuxième supplément de l'Encyclopédie Larousse consacre quelques lignes élogieuses à l'éminent mathématicien ; la notice de la *Grande Encyclopédie* est encore meilleure.

Ce n'est pas qu'il n'y ait plus rien à dire sur ce jeune savant, mort prématurément après s'être fait un nom par ses travaux. S'il est bien certain que, grâce à son amabilité, il ne comptait pas d'ennemis, le temps a déjà estompé sa figure, et quelques-uns de ses compatrio-

---

(1) Paris, Gauthier-Villars, 1867, in-8° ; *Annales des Mines*, septembre 1879.

tes, qui l'ont connu seulement dans les dernières années de sa vie, quand une longue et cruelle maladie avait quelque peu changé son caractère, l'ont représenté comme un homme chagrin, négligé dans sa mise, obsédé enfin de la pensée d'une mort prochaine et inévitable. Bien au contraire, Edmond Bour, tant qu'il resta lui-même, avait des qualités charmantes qui lui valurent un grand nombre de précieuses amitiés. Ses lettres à sa famille n'étaient certainement pas destinées à la publicité : elles le représentent tout à fait au naturel, aimable et aimant, plein de grâce et d'enjouement dans l'intimité, causeur agréable, savant modeste avant tout, dévoué jusqu'au dernier jour à sa famille, dans laquelle s'étaient concentrées toutes ses affections.

Jacques-Edmond-Emile Bour était l'aîné de six enfants. Dès ses premières années, il se fit remarquer tout autant par la douceur de son caractère que par la précocité de son intelligence. Son père, M. Joseph Bour, un horloger de la Grande-Rue, eut la satisfaction de le voir occuper le premier rang à l'École mutuelle, et le fit entrer au collège, dont lui-même avait été l'élève (1). De 1840 à 1849, Edmond Bour y remporta presque tous les prix, sous les professeurs Lançon, Roblot, Vial père, Poirier, Vaissier, Samion, Cordival et Lechartier.

M. Lechartier, professeur de mathématiques, distingua de suite Edmond Bour entre tous ses élèves, pour son application et ses aptitudes exceptionnelles. Les lettres d'Emond Bour, que l'obligeance de son frère nous permet d'éditer, remontent à l'époque où il achevait ses études au collège, et où M. Lechartier lui donnait quelques leçons spéciales.

Nos jeunes lecteurs pourront apprécier combien il dut

---

(1) M. Joseph Bour, fils de Jean-Louis Bour et de Catherine Rivière, né le 25 novembre 1800, mourut le 27 mai 1875. Sa femme, née Gabrielle Jeunet, de Thervay (Jura) vécut de 1806 à 1884. Leurs autres enfants furent Félix, Eugène (1835-1842), Emile, Ferdinand et Anna.

travailler pour devenir un brillant élève de l'École polytechnique et de l'École des Mines, puis pour remplir consciencieusement, avec une remarquable probité profession-
nelle, les postes qui lui furent confiés. Ils ne trouveront
pas seulement, dans cette correspondance, l'exemple d'une
vie vouée tout entière au travail ; mais ils apprendront encore à prévoir les déceptions dont bien peu d'hommes ont
été complétement exempts. Malgré ses brillants succès,
et la sympathie que lui témoignèrent de puissants protecteurs, Edmond Bour connut quelque temps le morne ennui
du jeune homme sans place et sans fortune, obligé de donner des répétitions à domicile. Il éprouva les rancœurs
que soulève la vie de restaurant, et les répugnances qu'inspire, après les années passées dans l'intimité du foyer
domestique, la banale chambre garnie où rien ne reste de
ceux qui y vécurent. En dépit de son caractère facile et de
sa passion pour le travail, il n'a pas toujours été à l'abri
des atteintes du découragement (2). Placé à Saint-Étienne,
surchargé d'heures de cours et dénué de toutes ressources
intellectuelles, il a encore plus d'une fois ressenti cette
impression. Mais, peu après, quand il ne l'espérait plus
guère, il put inopinément revenir à Paris, occuper un poste
plus digne de son mérite, et se retrouver dans un milieu
où il avait laissé des amitiés fidèles.

Ses vacances se passaient toujours à Gray, chez ses
parents : il en partageait le temps entre ses études de
géométrie et des excursions géologiques. La patrie du
minéralogiste Romé de Lisle n'a jamais manqué de tra-
vailleurs consciencieux : Edmond Bour était en relations
avec tous les habitants de Gray amateurs de science, et
notamment avec Eugène Perron, le docteur Édouard Gour-
dan-Fromentel, le professeur Étallon, tous trois paléonto-
logistes. Il faisait le plus souvent ses excursions avec Eug.

---

(2) Voir les lettres nᵒˢ 54, 56, 60, 69.

Perron (1) qu'il aida à rassembler une collection qui fut plus tard acquise par la Faculté des Sciences de Dijon. Mais il n'oubliait pas pour cela le musée que Charles Dubois avait créé à la mairie de Gray et auquel il envoya de curieux fossiles recueillis par lui en Algérie, lors du voyage qu'il fit comme membre de la Commission chargée d'observer l'éclipse totale du soleil, en juillet 1860. Il en procura d'autres par l'intermédiaire de M. Zickel, de l'Ecole des Mines.

Les lettres d'Edmond Bour ne donnent que peu de renseignements sur les Graylois de sa connaissance : elles prouvent néanmoins que ses relations furent assez étendues dans son pays natal.

Le lecteur y trouvera plus d'un trait intéressant, qui lui permettra d'apprécier une personnalité sympathique à bien des égards.

Doué d'une modestie charmante, jamais Edmond Bour ne vanta ses propres mérites ; et il fallut de longues années pour lui en donner la conscience intime. Après avoir passé des examens excellents, il écrivait qu'ils auraient pu être meilleurs, et que ses notes n'étaient pas toutes

---

(1) Eugène Perron, comme administrateur des Hospices de Gray et d'Oyrières, s'était trouvé en relations d'affaires avec un chef de section du chemin de fer de Gray à Chalindrey, connu sous le nom de Maillé qui lui avait donné l'autorisation de pénétrer dans les chantiers pour étudier les coupes géologiques. Après une excursion au tunnel de Culmont, avec Ed. Bour et M. Maillé, ces deux derniers tinrent, à Langres, une conversation d'après dîner qui dura jusqu'à trois heures du matin, sur les hautes mathématiques, pendant qu'Eug. Perron dormait consciencieusement dans un fauteuil. Ed. Bour, ravi autant qu'étonné, fit part, le lendemain, de ses impressions à Eug. Perron, qui, peu après, était autorisé à lui faire connaître que le chef de section avait été officier de marine, représentant du peuple et exilé au Deux Décembre. Son véritable nom était Paul de Flotte. Grâce à son ancien collègue, Victor Versigny, qui était à Neufchâtel, secrétaire général d'un chemin de fer franco-suisse, Paul de Flotte avait trouvé à Gray, un accueil amical chez Agapite Versigny, frère de Victor, et avait déjà révélé son nom à Eugène Perron, en lui disant qu'il ne voudrait pas que sa fréquentation pût nuire à un fonctionnaire.

« Je suis trop heureux d'être en relations avec un homme de votre valeur, lui « répondit Eug. Perron ; mais, pour le public, vous continuerez à être notre ami M. Maillé ».

On sait que de Flotte fut tué à Solano, le 22 août 1860, dans les rangs de l'armée de Garibaldi, pendant l'expédition des Deux-Siciles. (Cf. Clément CARAGUEL : *Souvenirs d'un volontaire de Garibaldi.* — MAXIME DU CAMP : *Expédition de Garibaldi* ; in. : *Revue des Deux-Mondes*, 1861).

également satisfaisantes. Cependant il lui fut impossible de ne pas dire : j'ai été classé le premier. Quand il annonçait qu'à l'examen de sortie de l'École polytechnique on le classerait tout au plus le dixième, il devait en sortir le premier ; et son examen d'analyse, dont il se disait simplement assez content, avait été révélateur pour les membres du jury. Le modeste savant ne se lassait pas de corriger sa thèse manuscrite, et y trouvait toujours de nouveaux défauts : car il n'était pas de ceux qui sont trop facilement satisfaits de leurs propres travaux (1).

Simple dans ses goûts et modéré dans ses besoins, le jeune géomètre voulait améliorer sa situation pour être utile aux siens : il travaillait surtout pour assurer l'avenir de sa famille qui, pensait-il, recueillerait un jour le fruit de ses peines. Il eut le plaisir d'offrir à sa mère une maison de campagne à Gray-la-Ville. Rien de plus touchant que les termes émus avec lesquels il exprime ses regrets de ne pouvoir se trouver à Gray au jour anniversaire de son père ou de sa mère, et que l'expression de ses efforts pour y accourir pendant le choléra de 1849 (2).

Un poète d'Arc-les-Gray, Maxime Delafont, lui a fait bien à tort le reproche d'avoir préféré la science à son père : au contraire, Edmond Bour, dans les dernières années de sa vie, s'occupa de travaux moins absorbants, et trouva toujours le plus grand plaisir à vivre quelques mois, chaque année, de la vie familiale. Il est donc parfaitement inexact de le représenter comme insensible à tout, excepté aux joies de la recherche scientifique.

On voit cet excellent cœur s'occuper jusqu'à ses derniers jours du sort de sa famille, se préoccuper constamment, dans ses lettres, de la santé et des progrès de ses frères ou de sa jeune sœur, leur envoyer des souvenirs, leur donner des conseils, corriger parfois leurs travaux,

---

(1) Voir les lettres n°s 23, 24, 30, 32, 33, 34, 62, 65, 67, etc.
(2) Voir les lettres n°s 67, 88, 101, 102, 135.

les guider comme un tuteur dans le choix d'une carrière, les encourager dans leurs déboires, les recommander sans se lasser, les attirer enfin à Paris, auprès de lui, pour que leurs débuts soient moins pénibles (1).

Ses lettres renferment d'autre part plus d'une fois l'expression de sa reconnaissance à l'égard de ses protecteurs. Il faisait pour d'autres ce que ceux-ci avaient fait pour lui ; et il aimait surtout à rendre service aux polytechniciens ou à ses compatriotes (2).

Plus d'une fois, il fut consulté par des industriels, par des commerçants, par des chercheurs. Toujours il répondit avec le plus grand empressement. Parmi ceux qui le consultèrent, nous citerons un célèbre savant alsacien, M. Hirn, illustre par ses expériences sur l'équivalent mécanique de la chaleur, après Joule et Thompson.

Le 20 avril 1863, M. Hirn lui écrivait de Logelbach, près Colmar :

« Votre amicale lettre m'a rendu bien heureux, et je vous suis bien reconnaissant pour le sentiment qui l'a dictée. Le suffrage spontané d'hommes comme vous m'est plus précieux, croyez-le, que maintes félicitations officielles ; et dans l'isolement, quelquefois un peu décourageant, où se passe ma vie scientifique, il devient pour moi une récompense dont je sais apprécier toute la valeur ».

Le 17 mars de l'année suivante, M. Hirn lui écrivait encore :

« Comment osez-vous me faire des excuses, parce que vous me donnez des avis ? Pour qui donc me prenez-vous ? Vos avis, sachez-le une fois pour toutes, seront les bienvenus pour moi, qu'ils concernent le mathématicien ou le

---

(1) Voir lettres n°s 68 et suiv.

(2) Voir n°s 61, 78, etc. Un camarade comptait si bien sur sa bonté, qu'il lui avoua, dans une lettre que nous avons eue entre les mains, avoir donné à M. Babinet, comme provenant de lui, la construction géométrique de Bour pour la mappemonde, d'après le système de la carte de France.

physicien. Et si ma nouvelle édition vaut mieux que la précédente, vous y aurez, à votre insu même, contribué pour une bonne part » (1).

Bien d'autres aimèrent Edmond Bour pour son affabilité.

· « Les qualités morales, a écrit M. de Chardonnet, étaient, chez le jeune professeur, à la hauteur de l'intelligence. Il se distinguait, dans les examens, par un esprit d'équité qui ne cédait devant aucune autre considération. Personne mieux que lui ne comprenait cette grave mission du juge qui, d'un mot, ouvre la carrière à une jeunesse d'élite, ou brise ses plus chères espérances ; il n'oubliait jamais quelle importance peut avoir un seul de ces chiffres que l'examinateur trace furtivement, tandis que l'élève, inquiet, cherche à les deviner au mouvement de la plume ».

« Il s'était fait de nombreux amis par l'estime qu'il inspirait et par l'agrément de son caractère. Il parlait simplement et modestement de lui-même, ne causant de mathématiques que lorsque d'autres amenaient la conversation sur ce sujet. Ceux qui le rencontraient dans un salon le reconnaissaient facilement pour un homme de beaucoup d'esprit, sans que rien ne pût faire deviner en lui un mathématicien déjà célèbre dans la science la plus épineuse et la plus abstraite. Il racontait agréablement et avec gaieté. Il savait beaucoup et s'intéressait à la littérature comme aux sciences. Sans être musicien lui-même, il était fort sensible aux charmes de la musique et surtout à ceux de l'harmonie ; les concerts du Conservatoire le comptaient au nombre de leurs abonnés les plus fidèles. N'y aurait-il pas quelque analogie entre la faculté de suivre tant de courbes invisibles et fantastiques qui se croisent dans

---

(1) Né en 1815, M. Hirn (Gustave-Adolphe), frère d'un industriel et ingénieur civil, avait publié : *Recherches sur l'équivalent mécanique de la chaleur* : 1858, in-8° ; *Exposition analytique et expérimentale de la théorie mécanique de la chaleur* (Colmar, 1862, in-8°), ouvrage réédité depuis avec un titre modifié.

l'espace, et celle de saisir les combinaisons si variées par lesquelles les grands symphonistes font vibrer à leur gré les cordes les plus délicates et les plus énergiques du cœur ? »

« Il était très sensible, dit M. Résal, aux relations d'amitié » (1). Ces relations ne lui manquèrent jamais : il eut pour amis ou camarades d'école MM. Pannetier, Émile Bergeron, Haton de la Goupillière, Marqfoy, Monthiers, Lefranc, Noblemaire (2), Capitan, Estaunié, Kretz, Calemard de Genestou, Mairesse, Leseure, Massieu, Lan, Cailletet, Renouf, les capitaines Marsal, de Bretteville, Mannheim, etc. ; et parmi ses maîtres, les généraux Favé et Poncelet, MM. Charles Combes, Joseph Bertrand, de Sénarmont, Liouville, tous membres de l'Institut ; plus tard il connut MM. Résal, Alfred Riche, Hirn et quantité d'autres chercheurs. Beaucoup de ses camarades ont fait une brillante carrière et laissé comme lui une trace dans la science de leur temps.

Son abord était accueillant sans banalité ; son langage avait une dignité modeste avec ses supérieurs, de la grâce avec ses égaux, de l'affabilité avec ses inférieurs. La solidité de son jugement ne l'empêchait pas de paraître spirituel ; et l'équilibre parfait de ses facultés avait quelque chose d'admirable. Sa finesse d'esprit ne dégénéra jamais en subtilité, sa science en pédanterie, son esprit en impertinence, sa politesse en affectation. Aussi sa conversation était-elle fort goûtée dans les maisons qu'il fréquentait.

Trop fier cependant pour faire le métier de solliciteur dans les salons des grands et les antichambres ministérielles, il avait en aversion toute démarche qui aurait pu le faire confondre avec les intrigants. Parfois choqué d'un

_____

(1) *La Franche-Comté*, 12-13 mars 1866.
(2) M. Noblemaire, sorti le premier l'année après Ed. Bour, est directeur du P.-L.-M. Sa mère était d'Auxonne et amie de la mère d'Ed. Bour.

passe-droit, il fut toujours incapable de déguiser sa pensée et de plier l'échine devant certains puissants personnages qui lui inspiraient de l'antipathie. Rien de plus digne que sa conduite à l'égard d'un homme riche dont il aurait pu devenir le gendre, en 1864. Nous voyons aussi par ses lettres qu'il fut assez délicat pour ne jamais solliciter un poste qu'un autre occupait.

Peut-être même s'est-il laissé aller avec trop de facilité au découragement en face de l'injustice. Cette tendance devait tourner à la misanthropie irritable dans les derniers temps de sa vie, par suite des souffrances qu'il éprouvait. Mais le caractère du jeune mathématicien était aimable et sympathique. Son humeur avait de l'agrément. Dans l'intimité avec ses amis, parmi lesquels il faut surtout citer M. Mannheim (1), il ne dédaignait même pas de faire des jeux de mots, en excitant l'émulation de quelques-uns, mais en restant toujours au premier rang sans contestation possible (2). Quand il eut une chaire à l'École polytechnique, son ami Leseure lui écrivit : « Je pense que ta position et tes grandeurs ne t'aveugleront pas, et que tu n'oublieras pas tes camarades, au

(1) « Mannheim, un jeune officier d'artillerie, à blonde moustache, qui *commande* ses leçons, comme une manœuvre de batterie : A vos pièces, messieurs !... la perpendiculaire !... » (Article de Georges CAVALIER, *La Rue*, n° 2, 1867).

(2) « Mon cher Bour », lui écrivait M. Mannheim « j'y vais, à *Cherbourg*, la semaine prochaine ». « Ce beau jardin doit être *Bour Edmond de...* » (27 septembre 1861)... « que tous vos résultats *s'hélice* avec facilité » (ib.). Voir sa lettre du 5 octobre 1861, à la suite de celle d'Ed. Bour n° 109.

Les lettres d'Edmond Bour à sa famille font voir qu'il avait autant d'esprit que de cœur ; mais elles ne fourmillent pas de calembours et d'à peu près comme sa correspondance avec son ami M. Mannheim. Voici quelques échantillons des plaisanteries innocentes dont s'amusaient ces hommes de science dans l'intimité.

Le 31 octobre 1861, Ed. Bour écrivait de Gray, à M. Mannheim :

« Mon cher ami,

« Je vais encore vous parler de Laguerre (1), jusqu'à ce que vous m'ayez dit : « f... tez-moi la paix....

« Le moment approche où il me faudra régler mes comptes avec le terrible « Bailleul (2) : si je *Nallet-bas-chez-lier* (3) : qu'en dites-vous ?

« Je cherche à me donner du cœur : Je me dis : au bout du compte, un *prote*

(1) Examinateur de l'École polytechnique.
(2 et 3) Bailleul, prote de la maison Mallet-Bachelier, éditeurs, prédécesseurs de Gauthier-Villars rue de Seine, 10.

moins par égard pour la quantité de calembours que tu leur as fait avaler ».

Sans être mondain, Edmond Bour ne fuyait pas la société : il avait appris à danser et brillait quelquefois dans les bals des Tuileries. Son camarade Charles Pannetier lui écrivait de Saint-Geniez le 1er avril 1854 : « .... Vive Dieu ! quelle verve ! quelle fougue ! quel entrain ! et comme on s'amuse à Paris ! et comme on danse, et comme on y dépense gaiement ces jours heureux de la jeunesse !... Toujours est-il que je suis heureux de t'avoir un peu fouetté le sang pour te forcer à apprendre la danse et à te lancer dans la carrière des succès que tu parcours si glorieusement ». Mais ces distractions ne l'empêchaient pas de poursuivre la solution des problèmes scientifiques qui l'occupaient, et c'est pour ainsi dire, entre une valse et une polka » comme il le dit lui-même, qu'il fit un travail pour sa thèse de doctorat ès-sciences (1).

Le physique d'Edmond Bour ne manquait du reste pas de grâce et d'élégance. Le jeune savant était assez grand, mince et bien proportionné (2). Son front, élevé et admirablement modelé, était couronné de longs cheveux châtains rejetés en arrière ; ses yeux brun clair étaient très expressifs ; son nez, légèrement busqué et tombant, s'harmonisait bien avec la bouche et l'ensemble d'un visage ovale, qu'allongeait et accentuait une barbe soyeuse, portée entière dès la première jeunesse. Sa physionomie souriante était très ouverte et très sympathique.

« est-ce tant ? Quand on dirait même : i sera élite dans sa partie, ce n'est point
« une raison pour qu'il domine hic, hein ? Ma, omettant tous mes griefs, en admet-
« tant qu'il m'eût sulman mis en demeure, il est bien évident pour tout le monde
« que mon càs le vainc ; cependant vous comprendrez que j'hésite à Luther. C'est
« pourquoi vous pourriez m'être utile an-glican discrètement un petit mot en ma
« faveur ; que tout le mal i do l'attribuer à la force des choses, et croyez-moi, tout
« cela n'est payen. Car, chacun s'accorde à le dire, il aurait fallu pour tout arran-
« ger que vos bons soins, je le confusse, y eussent été moins épargnés. Enfin, fai-
« tes pour le mieux : je voudrais seulement qu'il ne me Bouddha pas trop... »
(1) Voir les lettres nos 14, 15, 17, 18, 25, 62, 67, 78.
(2) Un document lui attribue 1 m. 683 millimètres.

Il était né avec une constitution assez délicate, que l'excès de travail et les fatigues de plusieurs voyages affaiblirent encore en peu d'années. Fort sensible aux atteintes du froid, il se rendit malade plusieurs fois par suite de sa négligence à se soigner. Sa santé subit une première atteinte à Saint-Étienne, en 1856, une seconde à la suite d'un voyage en Allemagne, deux années plus tard. Le chagrin qu'il éprouva d'un échec à l'Académie des sciences le rendit malade encore en 1862. Ce n'est donc pas seulement le voyage d'Asie qui détermina, en 1863, l'affaiblissement de ses forces, comme plusieurs de ses amis le supposèrent. En 1864, le docteur Joseph Bertin, son ami, l'envoya aux eaux de Plombières, qui le remirent en état de faire son cours ; mais il subit, en 1865, une rechute tellement grave, que cette fois les eaux furent impuissantes à le guérir (1).

Nous avons cru devoir reproduire les documents qui font voir combien sa mort excita de regrets parmi ses compatriotes et dans le monde savant. On fut unanime à déplorer la perte d'un mathématicien de ce mérite, qui joignait à sa valeur exceptionnelle les plus belles qualités du cœur.

Les lecteurs de ces lettres apprécieront l'amabilité de M. Félix Bour, qui, cédant aux sollicitations d'une amitié bien ancienne, a daigné confier au public, pour que notre jeunesse y trouve des exemples, ces épanchements intimes écrits pour des parents tendrement aimés.

———— ◎ ————

(1) Voir les lettres nos 50, 55, 58, 59, 60.

LETTRES CHOISIES

D'EDMOND BOUR

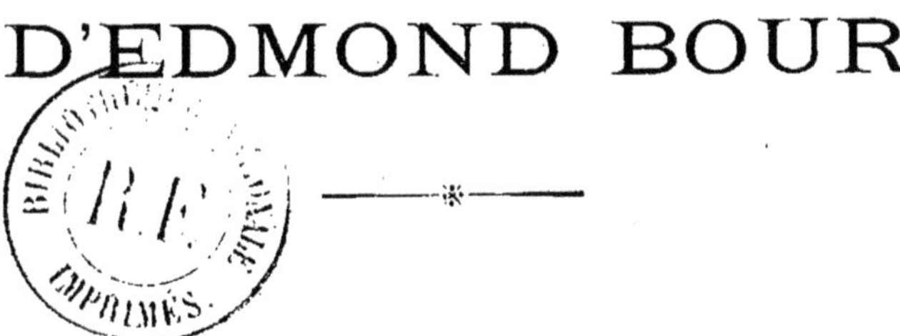

——— ✳ ———

Nº **1**   GRAY, le 24 mars 1848.

> Ma chère maman, (1)

Je t'écris pour te souhaiter une bonne fête, et surtout pour
te prier de ne pas te tourmenter d'avance. A Gray, les choses
prennent une assez bonne tournure ; on ne fait que rire de la
république et des républicains. Nous avons eu aussi une petite
révolution au collège, dans la journée du mardi 14 et du mercredi 15. L'arbre de la liberté (du collège), qui avait été arra-
ché, fut solennellement replanté le mardi à quatre heures.
M. Bourgeois (2) était alors retenu au lit par une indisposition.
A propos de M. Bourgeois, il ne va toujours pas bien : il crache
le sang à tout instant, et il ne prend pas assez de précautions.
Mais revenons à la révolution du collège. Une palissade avait été
défaite pour fournir des armes et, au moment où l'un des maîtres d'étude voulut imposer silence aux citoyens élèves qui,
réunis autour de l'arbre de la liberté, mêlaient aux chants de la

———

(1) Madame Bour était à Auxonne et y soignait une tante souffrante.
(2) Principal, alors malade de la poitrine.

Marseillaise les cris de : *A bas le pion! à bas le pion! à bas le
pion!* (1) il fut rossé par les élèves, qui le poursuivirent jusque
dans la salle d'étude, aux yeux de l'autre maître d'étude, qui fit
cause commune avec *le peuple*. L'émeute s'apaisa d'elle-même ;
la tranquillité était rétablie à cinq heures du soir ; mais ce
calme n'était qu'apparent et couvait de plus gigantesques projets. A une heure après minuit, un des pensionnaires se lève,
escalade la porte de sa chambre, éteint la veilleuse, enferme le
pion dans sa case, et ouvrant toutes les cases, il s'écrie : « Aux
armes, citoyens ! » Les citoyens se relèvent et, par le guichet
qui donne juste au-dessus de la tête du pion, ils lui versent une
demi-douzaine de pots d'eau sur la tête ; mais comme le pion
avait apparemment le sommeil dur, un d'entre eux lui lance à
la tête un pot de chambre tout rempli, contenant et contenu.
Pour le coup le pion s'éveille : il veut sortir, la porte était fer-
mée ; il passe la tête par le guichet : de nouveaux pots de chambre et une dégelée de coups de bâton lui pleuvent sur la tête.
La position n'était pas tenable. Heureusement pour lui, le garçon, qu'on avait oublié d'enfermer, arrive à son secours, saisit
un des insurgés, le reconnaît ainsi qu'un autre et dissipe ainsi
promptement l'insurrection.

Le lendemain, la sentence fut prononcée : exclusion pour
trois élèves, huit jours de prison pour un quatrième. Quand la
sentence fut signifiée aux élèves, ils dirent qu'ils étaient tous
aussi coupables l'un que l'autre ; les principaux meneurs se
déclarèrent et amnistie générale fut prononcée.

Mardi dernier, a eu lieu la séance du club vraiment républicain. Elle a commencé par la profession de foi du citoyen
Morel, qui a (été) vivement applaudi (2). Le discours du citoyen
Poirier (3), qui a succédé, ne l'a été que faiblement. Celui de
Rochet (4) a été presque hué. Page, l'enleveur des boues, monta
ensuite à la tribune, mais sa voix fut tellement couverte par les
cris du peuple qu'il fut obligé de recommencer jusqu'à trois
fois ; mais ce qu'il y a de plus comique, le citoyen Pernot (5),
beau-frère de M. Vial, qui lui succéda à la tribune, commença
ainsi : « Citoyens, je vous fais l'honneur de prendre la parole,
moi qui suis de l'âge qu'on fait les papes, pour être représentant du peuple ». A ces mots, chacun se mit à rire, on évacua la
salle, et l'orateur resta avec quelques moutards qui le pous-
saient d'un côté, qui le tiraient d'un autre, et qui finirent par le

---

(1) Air des lampions.
(2) M. Morel-Grosbas, notaire à Gy, fut préfet de la Côte-d'Or ; émigra en
Amérique après le Deux-Décembre et y mourut. Son fils Georges est inspecteur
général de l'enseignement secondaire.
(3) Professeur de cinquième au collège.
(4) Boulanger, Grande-Rue, vers la Porte-Haute.
(5) Cultivateur à Champvans.

porter en triomphe sur une échelle au travers des rues de la ville. Tu vois qu'il n'y a rien de bien alarmant.

Jeudi soir a eu lieu l'installation de M. Charnotet (1) à la sous-préfecture. Il me tarde bien que tu sois revenue ; je suis bien en mal de toi. En attendant, je suis bien aise de savoir que tu te portes bien. J'espère qu'il en sera toujours ainsi. Adieu, ma chère maman, je t'embrasse de tout mon cœur, ainsi que ma tante et toutes les personnes de connaissance.

ÉD. BOUR.

« Il ne se destinait pas d'abord, dit M. de Chardonnet, à l'école polytechnique ». Il étudia cependant l'algèbre supérieure et la géométrie analytique en même temps qu'il achevait ses études littéraires. Capable de parler l'allemand et l'anglais couramment (2), il apprit encore quelque peu d'espagnol auprès d'un réfugié, M. l'abbé Pascal. En 1849, rapporte M. Renaud, l'inspecteur général (M. Sonnet) interrogea Bour et, après une heure, l'examinateur demanda à M. Lechartier si cet élève se présentait à Polytechnique. — « Je n'y ai pas même songé, répondit le professeur : nos prétentions ici ne sont pas si élevées ». — « Il aurait pourtant des chances répartit l'inspecteur : mais cet élève peut continuer et l'année prochaine, il sera certainement reçu » (3).

Il fut reçu au baccalauréat ès lettres avec la mention très bien (4). Le 17 août, cette même année, son père le conduisit en conséquence à Dijon pour suivre au lycée les cours préparatoires à l'École polytechnique. M. Dieu, professeur de mathématiques, encouragea le jeune bachelier à bien travailler et dit à son père que c'était une année d'essai (5).

---

(1) M. le baron Charnotet d'Autrey, fils d'un général du premier empire, vice-commissaire du gouvernement provisoire à Gray.

(2) Voir lettre n° 66.

(3) *Presse Grayloise*, 7 août 1880. Discours de M. Renaud, maire de Gray, à la distribution des prix du collège.

(4) Avec MM. E. Voillard, J.-B. Leblanc, Ch. Mugnier, J. Perrot, P. Drouhard.

(5) « M. Dieu, dès le premier jour, nous écrit M. Noblemaire, frappé de l'allure un peu empruntée de son nouvel élève, l'avait envoyé au tableau avec l'intention de le coller et... avait été collé par lui, ce qui nous avait donné une haute idée de notre nouveau camarade ».

La ville de Gray fut frappée du choléra peu après le départ du jeune homme, qui écrivit à ses parents en ces termes :

N° 2.   (DIJON), dimanche 2 décembre (1849).

Il est cinq heures du soir, et je n'ai encore rien reçu ; mais je ne puis tarder plus longtemps à vous écrire. J'ai vu M. Tramoy (1) : il a dit qu'il était mort hier vingt-quatre personnes. Ecrivez-moi dès que vous aurez reçu ma lettre ; et s'il vous arrivait quelque chose, écrivez moi de suite. Je ne savais pas ce que cela voulait dire quand je n'ai pas reconnu l'écriture de papa dans votre dernière lettre ; j'ai été très content d'en recevoir une de maman elle-même, car je sais combien il lui coûte d'écrire. Tu me parles de gilets de flanelle, mais tu te trompes en croyant m'en avoir donné : je n'en ai qu'un de coton ; je le mettrai en attendant. Donnez-moi des nouvelles de l'indisposition de Ferdinand, de celle de Mademoiselle Riche (2), de toutes les personnes que je connais. J'ai écrit aujourd'hui une longue lettre à Auxonne. A propos de compositions, je n'en ai pas entendu parler. La cloche est tout comme quand tu es partie. La lampe nous fait bien des maux ; elle brûle beaucoup d'huile ; il faut presque la remplir tous les soirs, et pourtant je ne veille pas tard ; il faut aussi vider trois ou quatre fois le godet par jour. Vous me direz si vous voulez que j'aille vous voir au jour de l'an : je ne sais pas encore le temps qu'on aura.

Nous continuons à nous bien porter ; je suis content de ma cuisinière (3), elle vous embrasse et moi aussi.

Post scriptum. — Amigo padre Pasqual, (4)

Jo hé sido muy contente de leer las lineas de V. y de vor que, anuque yo hé quitado Gray, tengo en oquella cindad, hombres que à mi pimsan.

Jo creo que V. venira me ver con mi padre o mis hermanos. Adios, senor, mas mucho diria, pero no à mi viene que dicir.

ED. BOUR.

Traduction. — Père Pascal, mon ami.

Je suis très content de lire vos lignes et de voir que, depuis que j'ai quitté Gray, il y a dans cette ville des hommes qui peu-

---

(1) Propriétaire des moulins de Gray.
(2) Habitait Grande-Rue, à Gray.
(3) C'était sa tante Agathe qui l'avait suivi à Dijon.
(4) Prêtre espagnol réfugié ; reçut une médaille du conseil municipal pour son dévouement.

sent à moi. Je crois que vous viendrez me voir avec mon père ou mes frères.

Adieu. monsieur, je n'en dis pas plus parce que je ne trouve rien à dire.

N° **3.**   Mardi 4 décembre 1849.

Qu'il est triste d'être séparé de ses parents par un temps où la mortalité est si effrayante ! J'ai bien vu par la dernière lettre de papa qu'il ne savait plus où il en était. Elle m'a profondément affligé par la mort de M. Ohresser (1), la maladie de M. Garnier (2). J'ai bien plaint aussi le sort de Voilliard : on m'a dit qu'il n'y avait pas survécu (3). Je viens de voir un hussard à l'heure qu'il est (cinq heures du soir), qui m'a dit que l'épidémie ne faisait qu'augmenter (4). Envoyez-moi au plus tôt Félix (5) pendant que le choléra durera : je le ferai travailler ; j'aurai au moins près de moi quelqu'un qui me rendra l'état dans lequel vous êtes. Vous feriez parfaitement bien de partir pour Auxonne : comme je connais papa, la vue de tous ses amis tombant autour de lui serait dans le cas de le rendre malade. Donnez-moi des nouvelles de M. Garnier, de Ferdinand, de Mademoiselle Riche.

Nous avons tout reçu par Vautravers à l'instant même (6).

Papa devrait bien aussi venir vers nous : ça le remettrait un peu. L'air de Dijon est très pur, et la vue de ceux qu'il aime lui ferait beaucoup de bien. Ecrivez-moi tous les jours : vos lettres ne m'arrivent que le lendemain à quatre heures du soir: c'est horriblement long. J'essaierai demain d'aller la retirer à la poste.

Je vous embrasse tous.

ED. BOUR.

---

(1) M. Ohresser était un peintre.

(2) Négociant en draperie, voisin de M. Bour ; il mourut du choléra.

(3) Emile Voilliard, camarade d'Edmond Bour, et fils d'un notaire de Gray, ne mourut que le 3 avril 1850.

(4) Le 8ᵉ Hussards était en garnison à Gray.

(5) Félix Bour, né le 4 août 1834.

(6) Voiturier faisant le service d'Auxonne à Dijon.

N° **4.**   AUXONNE, mercredi 5 décembre 1849.

Votre lettre de ce matin m'avait tellement épouvanté que je suis parti pour Auxonne, en voulant arriver à Gray demain matin. Ma tante s'est fortement opposée à mon départ ainsi que M. Giroux (1). J'ai cédé à la crainte de vous tourmenter encore davantage. J'espère d'ailleurs que la lettre que M. Giroux t'a écrite, te déterminera à venir (2). Mais si vous ne prenez pas la voiture d'Etiet (3), si je ne vous vois pas arriver à quatre heures du soir, je partirai pour vous aller chercher. Amène tes montres avec toi si tu veux. Nous étions fort tourmentés à Dijon ; on a eu bien des maux de m'empêcher de partir ; et l'on n'y serait pas parvenu si je n'avais pas eu peur de vous donner une secousse qui pourrait vous faire du mal.

ED. BOUR.

N° **5.**   AUXONNE, le 6 décembre 1849.

Nous avons été bien contents de recevoir votre lettre, mais aussi bien fâchés de ne pas vous voir arriver. Toute la journée, il n'a pas cessé un instant de venir du monde pour s'informer de vous. M. Dole (4) était là, à quatre heures. Il nous a dit qu'il venait de voir un médecin et que c'était une grave imprudence de rester. Le temps est bien doux ; Ferdinand n'aurait pas dû souffrir du froid. Ma tante est malade, et l'inquiétude augmente chaque jour sa maladie ; elle dit qu'elle ne reconnaît plus maman, de ne pas se conserver davantage pour sa petite. Voilà je ne sais combien de lettres qu'on ne me parle plus ni de maman ni d'Anna. Dans votre dernière, papa paraît un peu moins tourmenté ; mais je vois bien que malgré ce que vous dites le fléau n'est pas près de cesser. Combien j'aurais donc voulu arriver vers vous ! je crois toujours que je vous aurais déterminés à partir ; surtout depuis la mort de Mademoiselle Riche, vous n'avez plus d'excuse. Vous ne savez pas comme on est tourmenté

---

(1) Géomètre, marié à une amie de Madame Bour.
(2) Douze cents Graylois étaient sortis de la ville, où moururent cent trente-deux personnes en un mois.
(3) Voiturier faisant le service de Gray à Auxonne.
(4) Principal du collège d'Auxonne, cousin de M. Bour.

à Dijon, tant les lettres mettent longtemps à venir. Je pars demain avec Félix ; Emile n'a pas eu la moindre indisposition depuis son arrivée à Auxonne. J'emporte ma lettre et je la fermerai à Dijon. Voilà longtemps que je (ne) peux rien faire du tout ; je ne fais que courir avec Lompré (1) pour aller chercher des nouvelles ou pour aller chercher les lettres à la poste.

Nous vous embrassons tous.

ED. BOUR.

DIJON, le 7 décembre.

P. S. — Je puis maintenant vous dire combien je suis fâché d'avoir pris cette malheureuse route d'Auxonne : je l'avais fait surtout pour ne pas tomber chez vous au milieu de la nuit. S'il vous arrivait du malheur, je ne le pardonnerais jamais à ma tante. Je veux que maman m'écrive dans votre première lettre.

ED. BOUR.

N° **6.** DIJON, le 31 décembre 1849.

Cher papa et chère maman,

J'ai été bien peiné de n'avoir pas pu aller vous voir pour le jour de l'an : le temps me dure horriblement, il me semble qu'il y a un siècle que je n'ai vu maman ni mes petits frères : et sans la neige je serais bien parti à pied. En attendant, je vous souhaite une année plus heureuse et moins tourmentée. J'ai pris sur moi de retenir Félix jusqu'au jour de l'an : j'espère que cela ne vous fâchera pas ; je ne pense pas qu'il veuille retourner à Gray auparavant. Vous direz à Ferdinand et à Anna que je leur envoie des étrennes de Dijon par Félix. Tu m'écriras quand le collège aura repris. Si M. Lechartier (2) veut nous prêter des livres, tu pourrais les remettre à Lompré. Il fait un temps affreux à Dijon : il y a un pied de neige dans les rues.

---

(1) Alexandre Lompré, alors candidat à l'École polytechnique ; depuis avocat, un des fondateurs de l'*Indépendant de la Haute-Saône*, procureur de la République à Gray ; mort conseiller à la Cour d'appel de Besançon.

(2) Professeur de mathématiques, père de M. Georges Lechartier, mort naguère doyen de la Faculté des sciences de Rennes.

J'ai concouru pour le dessin. M. Boudeux a été bien content de mon dessin ; mais comme j'avais deux académies à faire et que je ne restais qu'une heure au lieu de deux, je n'avais pas fini de les passer au crayon ; j'ai été le quatrième pour l'Académie.

Adieu, cher papa et chère maman : souhaitez le bonjour à tout le monde de ma connaissance ; donnez-moi de vos nouvelles ; je pense que la recrudescence du choléra n'aura rien été ; je n'en ai pas entendu parler.

Ed. Bour.

N° **7.**   Dijon, le 28 janvier 1850.

Cher papa et chère maman,

Je profite de l'occasion de tante Pierrette pour vous donner de mes nouvelles et pour vous remercier de ce que vous m'avez envoyé pour le jour de l'an ; j'ai trouvé ma cravate bien jolie ; elle est bien grande et je la mets facilement. Je me porte parfaitement ; j'espère qu'il en est de même à Gray. A propos, vous ne m'avez pas encore parlé une fois d'Emile : si ses indispositions le reprenaient toujours. Je suis bien en mal de voir maman, et si ce n'était pas ce froid qui repique toujours, je lui aurais déjà écrit de se dépêcher de venir. Je l'attends le plus tôt qu'elle pourra. J'ai été le premier en mathématiques (1) : Lompré le deuxième : j'ai été aussi le quatrième en physique : je ne travaille pas bien difficilement ; mais je me suis toujours bien porté. Je veille tous les jours assez tard.

Adieu, chère maman, en attendant que je t'embrasse. Souhaite le bonjour à M. Riche et à Mme Cornibert (2) ainsi qu'à toutes nos connaissances. Je vous écrirai le jour et l'heure de mon arrivée à Gray.

P. S. — Je te dirai que j'ai déjà fait une épure de passable, en en faisant à peu près trois par semaine ; et ce n'était pas dommage, car je commençais à désespérer d'en venir jamais à bout. Cela ne va pas trop mal à présent ; mais il m'est à peu près impossible de me servir de mes compas.

---

(1) Edmond Bour garda le premier rang.
(2) Madame Cornibert était tante de M. Alfred Riche.

N° 8   Dijon, le 6 février 1850.

Cher papa, chère maman,

Je profite de l'occasion de Mugnier (1) pour vous écrire deux mots. Je n'ai pas grand'chose à vous dire, si ce n'est qu'il me tarde bien de voir arriver maman : je pense qu'elle viendra à Dijon directement ; vous nous écrirez le jour et l'heure de son arrivée pour que nous soyions prêts à la recevoir. J'espère qu'elle ne me fera plus guère attendre : voilà l'hiver tout à fait terminé.

J'ai essayé de faire un lavis à l'encre de Chine : je n'ai guère bien réussi ; je n'ai point pris de leçon ; l'école d'architecture a lieu pendant la classe.

Adieu, cher papa et chère maman, je vous embrasse de tout mon cœur, en attendant que je puisse le faire en réalité.

Ed. Bour.

P. S. — J'ai été le premier dans ma deuxième composition de mathématiques.

Le professeur Dieu, ayant revu M. Bour père, lui dit, en lui serrant la main, que l'année d'essai serait plutôt une année de réussite : qu'il était étonné qu'un collège de province fournît un sujet aussi distingué, et qu'il y avait tout lieu d'espérer son admission à l'École.

Le 22 août, Ed. Bour obtint au lycée le premier prix de mathématiques supérieures. Il passa en outre avec succès son examen d'entrée (2). Aux examens oraux, M. Bertrand posa un problème qu'Edmond Bour résolut d'une façon qui parut une erreur à l'examinateur : mais comme le reste de l'examen avait été très bon, le savant le fit recommencer : le jeune candidat arriva à la même solution, et M. Bertrand parut mécontent. M. Dieu,

---

(1) Charles Mugnier, fils du président du tribunal de Gray, mort avocat à Besançon.
(2) Lettre de M. Bour père (20 mars 1866) à M. Félix Bour.

*professeur de mathématiques au lycée, qui s'intéressait vivement
à Edmond Bour, et qui était présent à l'examen, ne craignit pas,
à la sortie de la séance, d'aborder M. Bertrand, et de lui faire
des observations. Comme Bertrand refusait d'admettre qu'Edmond Bour eût raison, le professeur offrit de faire la démonstration, ce qui fut accepté: M. Bertrand reconnut loyalement
son erreur, et corrigea sa note (1).*

*Plus tard, M. Bertrand, qui s'était pris pour Edmond Bour
d'une véritable affection, lui rappela plus d'une fois cet incident,
et lui disait en le frappant amicalement sur l'épaule: « J'ai toujours le remords d'avoir failli vous refuser ».*

*Edmond Bour fut reçu le 64° sur 90, et le 24 octobre, M.
Dieu écrivit à M. Bour père :*

On vient de me dire à l'instant que votre fils est reçu le 60° à l'École polytechnique. Il n'y a avec lui qu'un seul admis parmi les jeunes gens qui se sont
présentés à Dijon, c'est M. (de) Vaulgrenand, de Besançon. Je vous félicite de ce
résultat, qui n'était pas douteux pour moi, et vous engage à ne pas vous tourmenter de ce que monsieur votre fils n'a pas obtenu un meilleur numéro : tous
les élèves de Dijon reçus à l'École remontent une fois qu'ils y sont. Ainsi, un
jeune homme admis dans les soixante-dix il y a trois ans, est sorti troisième en
49 ; un autre admis en 48 le vingt-neuvième, sort chef de promotion dans le
Génie cette année ; enfin, M. Jeannel, admis en 49 le quatre-vingt-treizième, passe
le vingt-sixième dans les cours de seconde année. Votre fils suivra les traces de
M. Jeannel, j'en suis certain...

*Ce pronostic devait se réaliser rapidement. Le premier classement trimestriel du mois de janvier 1851, donnait à Ed. Bour
le premier rang, qu'il conserva toute l'année ; ce qui lui valut, à
la rentrée, les galons de sergent-major.*

N° **9**   Écoie Polytechnique (2)   12 novembre 1851.

—

Cher papa et chère maman,

Je n'ai eu froid dans aucun de mes voyages. A Dijon, j'ai
couru comme un malheureux ; je n'ai vu aucun de mes deux

---

(1) Il sut gré à M. Dieu de son intervention et il ne fut pas étranger à sa nomination de professeur à la Faculté des Sciences de Grenoble.

(2) Par un hasard inexplicable, il a été impossible de trouver une seule lettre
écrite par Ed. Bour pendant sa première année de séjour à l'École Polytechnique.

professeurs bien que j'aie été trois ou quatre fois chez eux : je n'ai pas vu non plus M. Dong. J'ai passé une soirée très agréable avec M. et Madame Huguenin (1). Scheider (2) couchait avec son père ; j'ai couché chez Madame Géliot, qui m'a parfaitement reçu : elle m'a positivement dit qu'elle te faisait cadeau du chapeau. J'ai dîné dimanche chez M. Cournot (3). J'ai pris les galons (4) ce matin : je fonctionne depuis hier. Je vous embrasse ainsi que toutes les personnes qui s'intéressent à moi.

Je n'ai oublié que mes pains à cacheter et le miroir.

Adieu.

Ed. Bour.

N° **10**   École Polytechnique   1er décembre 1851.

Cher papa et chère maman,

J'ai reçu hier de vos nouvelles par Antoine (5). J'ai reçu la commission. J'ai été bien aise de savoir la place de Félix. Les deux Revon (6) lui disent bien des choses. Je me porte à merveille ; j'ai piqué dix-neuf en analyse ; j'ai la meilleure salle possible : Bour, Scheider, De Larret, Capitan (7), Pleix, Picquenot, Simon.

J'ai envoyé hier à M. Dole deux livres que j'ai payés onze francs. Je lui en enverrai peut être un autre dans quelque temps.

Avant-hier, j'ai reçu plusieurs fois des compliments du colonel sur ma manière de commander mon peloton : heureusement, il ne regardait pas quand je me trompais.

Je vous embrasse.

Ed. Bour.

---

(1) M. Huguenin était frère de Madame Rénoir, de Gray.

(2) Camarade de promotion d'Edmond Bour.

(3) Augustin Cournot, de Gray (1801-1877), mathématicien et philosophe, condisciple de M. Bour père, était alors recteur à Dijon. Il témoigna toujours beaucoup d'affection à Edmond Bour.

(4) Ce qui prouve qu'il avait été classé le premier à la sortie de l'année précédente.

(5) Antoine-Alexis Mugnier (1829-1871), fils du président, mort professeur de droit à la Faculté de Strasbourg.

(6) Pierre Revon, fils d'Alexandre, maire de Gray, et Louis, fils d'Eugène, cousins germains, alors élèves de Sainte-Barbe et candidats à l'École polytechnique.

(7) Capitan, sorti dans l'état-major, fut tué à Puebla. Il était le gendre du chef d'institution Barbet.

Nº **11**. ÉCOLE POLYTECHNIQUE   Mardi 3 décembre 1851 (1).

Cher papa et chère maman,

Paris est parfaitement tranquille : cependant on ne veut pas nous laisser sortir aujourd'hui.

Le général commandant l'École (2) donne une soirée ce soir : nous sommes bien tranquilles ; maman n'avait pas besoin de tant s'effrayer.

Je ne vous parle pas des nouvelles d'hier : vous les savez mieux que moi.

ED. BOUR.

P. S. — L'un des cahiers lithographiés que M. Giroux (3) m'a donnés se trouve être extrêmement rare : l'École n'en connaît qu'un autre et on le lui fait 150 francs ; j'ai refusé de vendre le mien.

Dernières nouvelles. — Tout fonctionnaire public doit prêter serment sous peine d'être destitué. Aujourd'hui même tous les soldats vont nommer un président en signant leur billet de leurs noms, prénoms, grades, corps, etc.

J'ai été demander à ce qu'on nous laisse sortir aujourd'hui, tout étant parfaitement calme : j'ai été refusé comme je m'y attendais, et tout en reste là.

Écrivez-moi comment la chose a été prise en province.

ED. BOUR.

P. S. — Madame Lefranc demeure à deux pas de l'endroit où deux cents représentants ont été arrêtés : on voit la maison de sa fenêtre ; elle n'a absolument rien entendu.

Nº **12**. ÉCOLE POLYTECHNIQUE   Le 4 décembre 1851.

Tout le quartier est en feu. On entend une vive fusillade et la canonnade tout autour ; nous sommes parfaitement tranquilles, il n'y a rien à craindre.   ED. BOUR.

P. S. — Nous avons refusé d'aller à la soirée d'hier chez le général (4).

---

(1) Lendemain du Coup d'État.
(2) M. Frédéric Bonet.
(3) M. Giroux (voir 5 décembre 1849) s'occupait beaucoup d'histoire naturelle.
(4) Le soir du 3 décembre, devant les cadavres, la musique du 7ᵉ régiment de lanciers jouait une polka. (MAGEN : *Mystères du Deux-Décembre*, br. in-16, p. 64).
L'abstention de ces jeunes gens est un trait qui leur fait le plus grand honneur.

N° **13.**   École Polytechnique   Le 12 décembre 1851.

Cher papa,

Je n'ai absolument rien de neuf à t'apprendre ; on ne parle pas plus de politique qu'avant : nous sommes parfaitement tranquilles. Tu diras à Claude (1) que j'ai remis sa note à un employé supérieur du ministère de la guerre : il ne sait pas encore s'il pourra répondre à ce qu'elle demande.

Ma montre, après s'être arrêtée une ou deux fois, a fini par s'arrêter complètement. Je l'ai montrée à un horloger, qui m'a dit qu'il n'y avait rien de cassé, mais qu'elle était usée, que les trous s'étaient élargis, et qu'elle avait en outre besoin d'être nettoyée. Il m'a encore demandé une dizaine de francs pour la mettre en état : je n'ai pas voulu la laisser ; mais c'est bien ennuyeux pour moi. Tu aurais dû en faire la réparation à Gray.

Les études vont toujours bien : je t'embrasse ainsi que maman et mon frère.

Ed. Bour.

N° **14.**   École Polytechnique   Le 21 décembre 1851.

Cher papa et chère maman,

Je suis bien fâché de vous avoir donné de l'inquiétude ; mais, après le jour où je vous avais écrit, tout avait été parfaitement tranquille, et je ne pensais pas que mon silence pût vous faire de la peine. J'étais d'ailleurs très éloigné de penser à la politique. Lundi 8 décembre, nous avons été sur le point de nous révolter, au sujet d'une composition ; heureusement pour nous, l'autorité était prévenue ; la composition a été remise au mercredi, et le refus d'obéissance a été beaucoup moins grave. Nous en avons été quittes pour passer le dimanche suivant tout entier à l'Ecole : l'autorité craignait beaucoup pour ce jour-là ; mais aucun de nous n'a eu la moindre idée d'une révolte. Nous sommes maintenant parfaitement tranquilles ; d'ailleurs toute cette histoire n'avait pas le moindre rapport avec la politique. J'ai été en soirée chez le général, qui m'a dit ne regarder tout cela que comme des enfantillages. Nous sommes toujours un peu pressés d'ouvrage, ce qui fait que je ne vous écris pas aussi souvent que je le voudrais ; mais nous ne pouvons pas dire que

---

(1) M. Claude Noir, mort président du Tribunal de Commerce de Gray.

nous soyons accablés. Le général et le directeur des études m'ont fait des compliments hier sur la manière dont je me soutenais.

Je me porte toujours parfaitement : j'ai passé à la visite d'une douzaine de médecins, qui m'ont dit que je m'étais bien fortifié depuis l'année dernière ; qu'il me fallait une bonne nourriture, beaucoup de bifteck, et que j'irais très bien.

L'adresse de M. Decaix (1) n'est pas celle que M. de Coisy avait mis sur sa lettre ; je l'avais trouvée cependant pour la lui remettre ; mais je l'ai oubliée. Donnez-moi des nouvelles d'Emile, de toutes les personnes qui m'intéressent. M. Cournot vous dit bien des choses.

Je profite du dimanche pour vous écrire une longue lettre ; j'espère que dans celle que vous m'écrirez vous ne me ferez plus de reproches ; je vous embrasse bien tous.

Ed. Bour.

P. S. — Je me suis fait inscrire pour prendre des leçons de danse à l'Ecole. Cela me coûtera dix-huit francs pour trois mois. Je crois vous avoir dit que j'avais donné onze francs pour M. Dole ; je ne sais pas s'il est content de ce que je lui ai envoyé.

Ma montre est toujours arrêtée. C'est bien ennuyeux pour moi de ne pas savoir l'heure.

Ed. Bour.

N° **15**.   École Polytechnique   Le 29 décembre 1851.

—

Cher papa et chère maman,

J'ai été bien aise de voir Maréchal hier (2), j'ai vu également Louis Baille (3). J'ai reçu la lettre de Félix et d'Emile, ainsi que la montre. Je vous souhaite à tous une bien bonne année : soyez mon interprète auprès des personnes de ma connaissance.

J'ai assez besoin d'argent ; j'ai fait hier mon dîner de salle qui m'a coûté quinze francs : c'est une dépense dont j'aurais bien voulu me dispenser : j'ai eu également les onze francs de M. Dole ; enfin je n'ai pas de quoi payer les dix-huit francs pour les leçons de danse ; il paraît que cela doit se payer d'avance et je suis un peu en retard sur ce point. La *pioche* va toujours

---

(1) Négociant à Paris, rue Monsieur le Prince : Madame Decaix était marraine de Mademoiselle de Coisy (aujourd'hui Madame Ernest André).

(2) Fils d'un cafetier de la rue de l'Eglise, Victor Maréchal entra à Saint-Cyr ; il devint colonel de dragons.

(3) Négociant en tissus à Besançon.

et de plus en plus magnifiquement : sur quatre colles, j'en connais trois : deux vingt et un dix-neuf. De plus j'ai fini hier une moitié de paysage à la sépia, et le professeur m'a dit que bien qu'il ne soit pas achevé, c'était le meilleur (1).

Tout le monde vous dit bien des choses : Mme et M. Cournot en particulier. Je suis toujours bien pressé d'ouvrage ; je suis un jour en retard pour mon graphique.

Je vous embrasse bien tous ainsi que mes frères et ma sœur ; je leur souhaite une continuation de succès et de bonne santé.

Ed. BOUR.

N° **16.** ÉCOLE POLYTECHNIQUE   Le 21 janvier 1852.

Cher papa et chère maman,

Je ne comprends rien du tout au silence prolongé que vous gardez envers moi ; je n'ai absolument rien reçu depuis que je vous ai écrit par M. Revon : j'attendais toujours une réponse ; je remettais au lendemain d'écrire pour que nos lettres ne se croisent pas ; répondez-moi tout de suite et ne me laissez plus aussi longtemps dans l'inquiétude.

Je me suis toujours très bien porté, bien que je ne sorte pas beaucoup. J'étais encore le premier au 1er janvier ; Durand avait descendu, mais Haton me serrait de très près (2).

Je vous embrasse ainsi que tous mes frères et la petite Anna ; j'espère dans votre prochaine lettre avoir des nouvelles des succès de Félix et de la santé d'Emile. Je ne sais pas si je vous ai dit dans le temps que j'étais tombé au sort pour partir le premier à la fin de l'année : en attendant cet heureux moment, je vous embrasse.

Ed. BOUR.

N° **17.** ÉCOLE POLYTECHNIQUE   Le 27 janvier 1852.

Cher papa et chère maman.

Je me porte toujours très bien, mon travail ne va pas mal. Je suis allé samedi dernier au bal des Tuileries : c'était

---

(1) M. Stanislas Brugnon a fait don au Musée de Gray de deux dessins d'Edmond Bour.

(2) M. Durand était entré le premier, Bour le soixante-quatrième. M. Haton de la Goupillière sortit le deuxième et devint inspecteur général des Mines. (Voir la notice de ce dernier dans le deuxième supplément du Larousse).

magnifique sous tous les rapports ; seulement il y avait tellement de monde qu'il était très difficile de danser ; je n'ai pas
osé m'y hasarder. Tout le monde vous dit bien des choses. Je
vous embrasse.

Ed. BOUR.

N° **18**. ÉCOLE POLYTECHNIQUELe 18 février 1852.

Cher papa et chère maman,

J'ai été bien aise d'avoir de vos nouvelles, je commençais à
croire que vous m'aviez oublié ; j'ai eu avec plaisir des nouvelles de Madeleine Sirguey (1), il y a longtemps que je n'avais eu
des nouvelles de sa famille.

Je suis allé hier à un grand bal au profit des pauvres qui a
eu lieu au Jardin d'hiver. Tous ceux que j'ai vus convenaient
qu'ils n'avaient jamais rien vu nulle part d'aussi féérique. Je
me suis enfin lancé pour la première fois à polker ; je fais des
progrès rapides dans la danse et je puis maintenant faire comme
tout le monde.

Nous attendons un classement pour le 1er février ; ainsi tu
ne vas pas tarder à recevoir un bulletin.

L'ouvrage dont tu me demandes le titre est le *Cours de
mécanique appliquée aux machines*, par Poncelet. Quant aux
renseignements que tu me demandes, tu n'as qu'à aller chez
M. Maréchal, tu lui demanderas l'annuaire militaire, où tu trou-
veras le nom de tous les officiers de l'armée, le numéro de leurs
régiments, etc.

Je n'ai pas encore de réponse pour le frère de Claude : c'est
assez long et difficile ; dès que je saurai quelque chose, je t'en
ferai part (2).

Souhaite la fête de ma part à ma tante Agathe.

J'ai vu quelquefois Vésignié depuis quelque temps : il a
l'air d'un charmant garçon (3).

Mon travail et ma santé vont toujours la même chose, c'est-
à-dire très bien ; je t'embrasse ainsi que mes frères. Ne reste
plus si longtemps sans m'écrire.

Ed. BOUR.

---

(1) Cousine d'Edmond Bour.
(2) M. Noir, frère de M. Claude Noir, n'obtint pas de place ; il est mort à
Bucey-les-Gy.
(3) M. Louis-François-Octave Vésignié, élève de l'École Polytechnique, né à
Abbeville en 1833, était fils d'un médecin originaire d'Autrey (Haute-Saône).

N° **19.** École Polytechnique   Le 20 février 1852.

—

Cher papa et chère maman,

J'ai été bien aise d'apprendre de vos nouvelles, surtout de savoir qu'Emile allait mieux et que Félix continuait à bien travailler. Je n'ai pas beaucoup d'argent, cependant je ne suis pas encore bien pressé ; si d'un moment à l'autre tu pouvais m'en envoyer, fais-le.

Nous avons eu un classement : je suis resté le premier ; Durand est vingt-deuxième ; Haton deuxième ; Lefranc vingtième (1) ; Scheider quarante-huitième.

Je n'ai plus rien à faire du tout ; moins je travaille et mieux je réussis, aussi ma santé s'en trouve-t-elle parfaitement.

Je me chargerais avec bien du plaisir de la commission de Mademoiselle Célestine (2), mais à Paris un ouvrage ne se trouve jamais que chez un seul libraire ; comme elle a déjà plusieurs choses de lui, elle n'a qu'à m'envoyer le nom et l'adresse de l'éditeur et je lui enverrai ce qu'elle désirera.

J'ai vu avec bien du plaisir que Noblemaire a été le premier au dernier classement des conscrits ; j'espère qu'il se soutiendra à cette place (3). Nous avons eu dernièrement une bien triste cérémonie : un jeune homme, fils d'ouvrier, qui avait lui-même manié l'équerre et le rabot ; qui, grâce à la protection d'un ingénieur, avait pu se faire recevoir à l'Ecole et sortir le cinquième l'année dernière, vient de mourir dans les bras de sa famille, qui était venue le soigner : toute l'Ecole des Ponts, celles des Mines, d'Etat-Major, une grande partie de l'Ecole polytechnique, assistaient à son convoi. Son nom est Pélardy.

Bien des choses à toutes les personnes de ma connaissance. Je t'embrasse en attendant que tu viennes me voir par le chemin de fer de Saint-Dizier.   Ed. Bour.

P. S. — Ne négligez pas de m'écrire ; vous ne pouvez pas vous figurer combien une lettre de vous me fait plaisir. Je vous embrasse encore une fois.

---

(1) M. Lefranc fut ingénieur des Ponts et Chaussées.
(2) Mademoiselle Célestine Lhomme, fille d'un instituteur, était maîtresse de pension à Gray.
(3) M. Noblemaire sortit le premier et devint directeur du P.-L.-M. Il est né à Auxonne.

Nº **20.** Écolɛ Polytechnique   Le 9 mars 1852.

Cher papa et chère maman,

J'ai reçu un mandat de cinquante francs que vous m'avez envoyé ; j'ai vu mon cousin Auguste (1) ; sa femme est accouchée d'une petite fille dont il m'a demandé d'être le parrain ; mais je n'ai pas vu M. Beck (2). J'ai reçu enfin la réponse pour le frère de Claude : on m'a dit qu'il avait de très belles notes ; que ses officiers l'avaient proposé pour passer officier, mais que le Comité de cavalerie ne l'avait pas maintenu ; son titre de substituant ne ferait rien du tout dans l'artillerie, mais dans la cavalerie on y tient beaucoup, cependant, si ses notes continuent, on pourra difficilement se dispenser de le porter dans quelque temps.

Nous commençons à être assez pressés d'ouvrage. Je vous embrasse ainsi que mes frères et sœur.

Ed. Bour.

P. S. — La cravate que j'ai emportée est tout à fait mauvaise ; je vois que je ne pourrai pas me dispenser d'en acheter une.

Nº **21.** Écolɛ Polytechnique   Le 17 mars 1852.

Cher papa,

Je me joins, du fond de ma prison, à maman, à mon frère, à tous tes amis empressés à te souhaiter la fête. J'espère que ta santé se conservera toujours excellente. Je suis maintenant extrêmement ennuyé ; nous commençons le temps de pioche, ce qui me donne considérablement d'ouvrage. De plus, M. Bertrand, que tu connais, a fini hier son cours ; comme nous étions très contents de lui, nous avons applaudi, et moi tout le premier (3). Quand le colonel a appris cela, il a été furieux et nous a donné trois consignes. En ce moment où nous travaillons beaucoup, c'est excessivement ennuyeux. Les personnes même les plus sévères ont de la peine à comprendre une punition aussi grave pour un pareil motif, car l'ordre ne donne pas d'autre raison que nos applaudissements.

---

(1) Auguste (Bour), peintre, habitant la Chapelle.
(2) Officier d'administration, parent éloigné.
(3) M. Joseph Bertrand, membre de l'Institut et de l'Académie française.

M. Grillier (1), qui est à Paris en ce moment, m'avait écrit d'aller le voir, mais tu comprends qu'il n'y a pas moyen.

Je t'embrasse ainsi que maman et mes frères ; voici le beau temps qui vient, j'espère que vous vous occuperez bientôt de savoir si l'un de vous doit venir à Paris cette année.

Ed. Bour.

N° **22.**   École Polytechnique   Le 25 mars 1852.

—

En attendant que je puisse t'embrasser soit à Gray, soit à Paris, je charge la petite Anna de t'embrasser pour moi, et de te souhaiter de ma part une bonne fête. J'espère que son indisposition n'aura pas eu de suite.

Nous n'avons pas fait notre punition tout entière ; on nous a fait faire l'exercice et on nous a levé le reste.

Dans une demi-heure je passerai mon premier examen, et lundi le deuxième (2).

Je t'embrasse ainsi que papa et mes frères.

Ed. Bour.

N° **23.**   École Polytechnique   Le 8 avril 1852.

—

Cher papa et chère maman,

J'ai été bien aise de voir que vous vous portiez bien. Je pense que vous verrez bientôt M. Cournot. Je suis assez content de mes deux examens ; ils me placent encore au-dessus de mes camarades, bien qu'ils eussent pu être meilleurs ; nous sommes maintenant dans le graphique jusqu'au cou.

J'ai revu mon cousin : la petite s'appelle Stéphanie ; quand à tous les détails que maman me demande, je n'ai pas grand chose à lui dire, cela s'est fait sans grande cérémonie (3).

Notre général vient de passer général de division ; il ne nous quittera cependant pas pour cela, il nous a parfaitement reçus quand nous avons été le féliciter.

---

(1) Fabricant d'horlogerie à Besançon.
(2) Cette lettre montre le calme avec lequel Ed. Bour allait passer ses examens. Une autre preuve existe à la lettre 88.
(3) Le baptême et Edmond était parrain.

Je vous embrasse de tout mon cœur. J'espère que la maladie de Ferdinand n'aura pas eu de suite ; je ne sais si je vous ai dit que Michel avait eu la même maladie : il est en convalescence.   Ed. Bour.

N° **24.**   ÉCOLE POLYTECHNIQUE   Le 21 avril 1852.

Cher papa et chère maman,

J'ai vu M. Cournot, qui m'a donné de vos nouvelles toutes fraîches. J'ai été un peu indisposé ces jours-ci, mais je n'ai pas été obligé d'interrompre mes études, aujourd'hui je ne me sens plus de rien. Mes notes ont assez notablement baissé depuis la première partie, car les colleurs ne me connaissent pas comme les précédents. Ma montre est arrêtée depuis quelque temps, si tu peux m'en envoyer une autre, tu feras bien. On nous a fait quelques leçons sur l'horlogerie ; mais cela ne m'a pas mis en état de raccommoder la mienne.

Je vous embrasse.   Ed. Bour.

N° **25.**   ÉCOLE POLYTECHNIQUE   Le 3 mai 1852.

Je me suis bien porté depuis ma dernière lettre. J'ai dîné mercredi chez Madame Cournot avec Antoine Mugnier et M. de Coisy (1) ; chacun te souhaite le bonjour.

M. Huguenin te prie de donner son adresse à M. Boussey (2) quand tu le verras : rue de la Harpe, 100.

J'ai été désigné pour faire partie de la députation qui doit représenter l'Ecole à la cérémonie de la bénédiction des drapeaux (3).

Je vais également au bal ce soir chez le ministre des finances.

Notre temps de pioche s'avance à grands pas, et, après, le moment de notre réunion. Depuis quelque temps je vois qu'il n'est plus du tout question du voyage de Paris. Je ne voudrais pas que cela vous gênât ; cependant si cela était possible, cela me ferait un grand plaisir.

Ne restez pas longtemps sans m'écrire. Adieu, cher papa et chère maman, je vous embrasse comme je vous aime.

     Ed. Bour.

(1 Mort percepteur à Gray.

(2)) Notaire à Gray, avait épousé Mademoiselle d'Arbaumont ; son fils devint professeur d'histoire au lycée de Besançon.

(3) Le 10 mai, au Champ-de-Mars.

N° **26.**   ÉCOLE POLYTECHNIQUE   Le 14 mai 1852.

—

Cher papa et chère maman,

Je vois maintenant beaucoup de personnes de Gray, qui me donnent de vos nouvelles ; je regrette que l'un de vous ne se soit pas décidé à venir ; mais j'en comprends parfaitement les motifs. Enfin, il faut espérer que cela ira mieux l'année prochaine. Je crois que je pourrai trouver très facilement à donner autant de leçons que je voudrai ; en attendant voici le moment où nous allons avoir beaucoup à travailler ; j'ai encore été le premier à un classement. Je prends maintenant quatre leçons de gymnastique par semaine ; je ne suis pas très fort.

J'ai dîné avec M. de Coisy chez Madame Cournot ; j'ai été aussi invité par M. Maillard-Grosbas, par M. Monniotte, qui m'a dit que tu l'avais chargé de me donner de l'argent si j'en voulais (1). Je lui ai demandé vingt francs. M. Scheider est ici : je l'ai vu dimanche. Je ne vous parle pas de la revue, où notre division a défilé à la tête de toute l'armée ; les journaux ont donné tous les détails : le feu d'artifice a été généralement manqué. Je n'ai pas vu Madame Simonin.

Je vous écris une lettre bien décousue qui n'a pas trop le sens commun ; mais nous sommes maintenant assez pressés ; je vous embrasse de tout mon cœur.

ED. BOUR.

P. S. — Marguerite (2) que j'ai vue hier avant le feu d'artifice, vous dit bien des choses.

———

N° **27.**   ÉCOLE POLYTECHNIQUE   Le 24 mai 1852.

—

Cher papa et chère maman,

J'ai reçu votre lettre avec bien du plaisir ; elle m'est arrivée dans un moment où j'étais bien en nage : nous sommes considérablement surchargés de besogne. De jeudi à dimanche j'ai été obligé d'en laisser la moitié de côté. Cependant je suis sorti jeudi, je suis allé à Saint-Cloud et à Versailles avec Lefranc.

---

(1) M. Maillard-Grosbas était négociant en vins à Gray. M. Monniotte, ancien notaire de Champlitte, habitait le château de Cresancey.

(2) Parente de M. Magnin-Boisson ; tenait rue Saint-Marc un bureau de tabac.

J'ai vu Alfred Riche (1) et sa mère, qui m'a chargé de vous dire bien des choses.

J'ai fait la commission de papa à Madame Cournot.

Je crois qu'il y a déjà eu une fois des trains de plaisir ; s'il y en avait de nouveaux, je pense bien que tu ne laisserais pas passer l'occasion. J'ai dîné il y a huit jours avec Madame Scheider et son fils. Je vous embrasse.

Ed. Bour.

N° 28. École Polytechnique   Le 21 juin 1852.

Cher papa et chère maman,

Je me porte le mieux possible ; il est vrai que voilà plusieurs mois que je ne fais presque rien et que je me dis que c'est pour mieux travailler plus tard. Je prends largement mes dimanches et mes récréations. Nous allons presque tous les jours, du moins la semaine dernière, faire des courses en corps pour visiter des établissements ; ainsi, j'ai été samedi dernier à la manufacture de Sèvres.

Si tu trouves une occasion d'ici à quelque temps pour m'envoyer un peu d'argent, je te serai obligé d'y penser.

Je crois que le moment de notre sortie sera un peu retardé, et que je ne pourrai pas être auprès de vous le 12, comme je le croyais ; je ne sais pas encore la nouvelle date. En attendant, je vous embrasse.

Ed. Bour.

N° 29. École Polytechnique   Le 12 juillet 1852.

Cher papa et chère maman,

Je ne sais si ma lettre vous arrivera à temps ; nous voilà enfin complètement en temps de *pioche* ; je n'aurai plus guère de dimanches à moi jusqu'à la fin de l'année. Quant à Félix, je

---

(1) Chimiste, né à Roche-sur-Vannon (Haute-Saône) en 1829, docteur en médecine, professeur de chimie à l'école de pharmacie de Paris, membre de l'académie de médecine en 1877. Il fut répétiteur de chimie à l'École polytechnique de 1857 à 1873 (*Grande Encyclopédie*). Est directeur des essais à la Monnaie de Paris.

vois avec plaisir approcher le moment où il sera délivré de tout. Je l'engage à bien se reposer pendant les vacances.

Nous avons fait trois concours d'architecture ; j'ai été dans les derniers pour les deux premiers concours et le troisième n'est pas encore connu.

Je me suis assez amusé cet été. Je pense maintenant me remettre sérieusement à travailler.

Je vous embrasse.   Ed. Bour.

N° **30**.   École Polytechnique   Le 20 juillet 1852.

—

Cher papa et chère maman,

J'ai appris avec bien du plaisir le beau succès de Félix (1). Quant à moi, j'ai déjà passé un examen ; c'est beaucoup moins brillant que l'an dernier ou qu'à Pâques. J'en passe un autre jeudi. Je compte toujours être libre vers le 13 septembre.

Je vous embrasse.

Ed. Bour.

N° **31**.   École Polytechnique   Le 10 août 1852.

—

Cher papa et chère maman,

Je ne sais à quoi attribuer le long silence que vous gardez depuis si longtemps ; voilà plus de quinze jours que je vous ai écrit et que je vais tous les matins à la distribution des lettres, et toujours sans succès. J'ai pourtant grand besoin d'en recevoir, surtout pendant mon temps de pioche. Toutes mes colles sont terminées heureusement ainsi que mes manipulations du concours ; depuis hier je commence à revoir mes matières pour mes examens ; je commencerai à passer lundi prochain, et tous les lundis jusqu'au 13 septembre.

Je vous embrasse en attendant une réponse le plus tôt possible.   Ed. Bour.

P. S. — Alfred Riche vient de faire une très belle découverte en chimie : on en a rendu compte à l'Institut, et les journaux en ont parlé.

Je vous embrasse une deuxième fois.

Ed. Bour.

---

(1) M. Félix Bour fut reçu cette année bachelier ès lettres, en même temps que MM. Joseph Bertin, Narcisse Febvre, Antoine Guyot, Gustave Vuillaume.

Nº **32**. ÉCOLE POLYTECHNIQUE   Le 18 août 1852.

Cher papa et chère maman,

J'ai passé mes deux premiers examens: le premier, celui de chimie, est très bon ; cependant on pourrait en trouver trois ou quatre qui passeraient mieux, aussi je ne suis que médiocrement rassuré ; celui d'art militaire a été beaucoup moins bon. Je pioche maintenant le plus important, celui d'analyse.

Envoie-moi des détails sur la fête de Gray et aussi sur celle de Paris, car je n'ai pas vu la moindre des choses.

J'ai vu lundi ma cousine Agathe qui s'est établie à Paris (1).

Envoie-moi quand tu voudras ma lettre de sortie : c'est pour le 13 septembre ; indique que je dois passer mes vacances à Gray, et indique ton nom et l'adresse où on doit m'envoyer toutes mes lettres. Je n'ai pas encore besoin d'argent pour le moment ; à la fin, il me faudra d'abord vingt-huit francs pour mon épée, quinze francs à peu près pour ma place ; je ne sais pas encore combien on me fera payer pour le coiffeur, le bottier et le tailleur, depuis que ce bon Napoléon nous a réduit notre solde.

Je t'embrasse.   ED. BOUR.

Nº **33**. ÉCOLE POLYTECHNIQUE   Le 27 août 1852.

Cher papa et chère maman,

Je suis bien aise de voir que Félix a eu d'aussi beaux résultats ; j'attends avec une bien grande impatience le moment où je serai près de vous ; vous ne m'avez pas encore dit si vous viendriez m'attendre à Dijon.

Je suis assez content de mon examen d'analyse ; c'est celui auquel j'attachais le plus d'importance, mais celui de chimie, où je me croyais sûr de mon affaire, est, comme je te l'ai dit, assez mauvais. Sur une quinzaine qui ont passé, il y a déjà un des plus mauvais élèves qui a été classé avant moi : ainsi je puis m'attendre à être au moins dixième. Je prépare maintenant le plus difficile, je suis assez pressé. J'ai vu lundi Auguste et sa famille : ils ont été presque tous malades depuis la dernière fois que je les avais vus ; ils vont bien maintenant et te souhaitent le bonjour.

Je t'embrasse.   ED. BOUR.

—————

(1) Agathe Bour, modiste, rue Vivienne, dans un grand magasin.

Nº **34.** École Polytechnique   Le 7 septembre 1852.

Cher papa et chère maman,

Je vois approcher bien tristement le moment de notre réunion ; mes examens sont tellement mauvais, que je ne sais même pas si j'aurai les Mines (1). Ce n'est pas une crainte exagérée, c'est du positif. Je le tiens du fils d'un de mes examinateurs, qui tout en me disant que mon examen est très bon me dit que je suis successivement troisième, quatrième, etc., et cela sans que j'y puisse rien faire. Je travaille beaucoup mon dernier, mais avec la conviction que cela ne me servira de rien : tu ne peux te figurer combien je suis ennuyé.

J'ai vu hier Madame Lechartier, que j'ai trouvée en très bonne santé : nous avons parlé de vous.

Madame Cournot m'a donné soixante francs.

Je partirai de Paris lundi, à neuf heures et demie du soir. Indique-moi dans ta prochaine lettre où il faut que je fasse conduire mes bagages ; je ne sais si ma malle sera assez grande. Indique-moi l'heure du départ et au besoin, fais assurer ma place d'avance.

Je vous embrasse.   Ed. Bour.

Nº **35.** École des Mines   Le 15 décembre 1852.

Cher papa,

J'ai bien des nouvelles à t'apprendre. D'abord j'ai reçu ce matin une lettre de M. Arago (2) qui m'avertit que lundi est la séance publique de l'Institut où je dois recevoir les œuvres de Laplace (3). Ainsi je pense que tu n'as pas oublié ton ancienne intention de venir me voir : ce moment, c'est une bonne occasion.

On s'est beaucoup trop pressé de défaire mon uniforme de l'École. Comme il est impossible d'apprêter celui des Mines

---

(1) Sorti le premier, Edmond Bour fut reçu à l'École des Mines le 15 septembre 1852. Sa nomination est du 15 octobre. La lecture des lettres précédentes, assurément, ne laissait pas supposer un aussi brillant succès du trop modeste candidat.

« En dehors des travaux réglementaires déjà si nombreux, dit M. de Chardonnet, il donna une théorie de l'électro-dynamique, très appréciée par l'un des professeurs les plus célèbres, M. de Sénarmont ».

Ce travail est resté inédit.

(2) François Arago, de l'Institut.

(3) Données à l'élève sorti le premier de l'École.

pour cette époque, vu que c'est aujourd'hui seulement que le décret paraît, je serai obligé d'y aller en bourgeois, ce qui est désagréable. J'ai été consulter Madame Cournot pour savoir ce qu'il me fallait faire. J'ai besoin d'un gilet blanc et d'une paire de bottes vernies : cela va encore me faire une certaine dépense.

Autre bonne nouvelle : j'ai enfin trouvé une répétition à donner : c'est au fils d'un ingénieur des Mines, professeur à l'Ecole, qui m'a dit en avoir donné lui-même quand il était élève.

Je donne trois leçons d'une heure et demie par semaine à sept francs cinquante le cachet, cela me fera de quatre-vingt à quatre-vingt-dix francs par mois : je commence ce soir.

Auparavant j'étais bien ennuyé : quand je me suis présenté à mon nouveau logement, je ne l'ai pas trouvé libre, et j'ai été obligé de prendre un logement provisoire pour quatre à cinq jours dans la même maison. On m'a donné une chambre plus chère que la mienne, mais je n'ai pas encore pu obtenir qu'on y fasse mettre un carreau pour remplacer celui qui est cassé. La maîtresse est très peu complaisante. De plus, en passant le soir dans la rue d'Enfer, en ouvrant ma montre pour voir l'heure, j'ai entendu le verre de montre sauter par le contre-coup et tomber à terre. Je l'ai ramassé, il n'était pas cassé ; mais chez nous quand j'ai rouvert ma montre, je n'ai plus trouvé le petit drageoir qui tient au verre : je ne sais comment il a pu se perdre.

J'avais écrit à M. Curnier-Chirol (1), comme maman me l'avait dit, pour avoir une lampe, et je lui avais dit d'en porter le prix sur ton compte pour m'éviter une course ; peut-être n'a-t-il pas reçu ma lettre, car je n'y avais pas mis le numéro. A cause de ma nouvelle dépense, je ne sais si j'aurai au 1er janvier assez d'argent pour payer ma pension ; dans tous les cas, je pense que c'est la dernière fois que je t'en demande.

Je n'ai absolument que mon habit noir pour aller donner une répétition, car mon ancienne redingote n'est plus mettable, et je ne puis garder mon pardessus dans l'intérieur de la maison.

Madame Cournot et M. et Madame Mugnier te disent bien des choses.

Je t'embrasse en t'attendant. Tu vois qu'en définitive les bonnes nouvelles l'emportent sur les mauvaises.

Ed. Bour.

---

(1) Fabricant d'horlogerie à Paris.

N° **36.** École des Mines   Le 19 janvier 1853.

Cher papa et chère maman,

Je suis entré en fonctions chez M. Barbet (1) jeudi, nous ne sommes pas encore convenus de prix.........

Ed. Bour.

N° **37.** École des Mines   Le 4 Février 1853.

Cher papa,

Je n'ai rien vu des fêtes du mariage (2). Je n'ai toujours pas d'uniforme ; toutes mes soirées sont prises maintenant sauf le dimanche. J'ai en outre quatre cours de plus par semaine et un le dimanche.....

Ed. Bour.

N° **38.** École des Mines   Le 5 Mars 1853.

Cher papa et chère maman,

... Je m'occupe maintenant d'un examen seulement ; je ne fais presque (que) cela toute la journée et je ne sais pas si j'en viendrai à bout. C'est celui de minéralogie ; jusqu'à cinq heures du soir, je passe mon temps à regarder des pierres.

Cependant la mi-carême a égayé un instant la monotonie de mon existence. J'ai reçu jeudi mon brillant uniforme et le soir même je l'essayais aux Tuileries. Le bal était magnifique avec tous les nouveaux habits brodés. J'ai parfaitement vu l'impératrice, il n'y avait pas une trop grande foule......

Ed. Bour.

N° **39.** École des Mines   Le 7 avril 1853.

Cher papa et chère maman,

.... Nous comptons demander, Haton et moi, à être envoyés en mission ensemble. Comme nous nous sommes surtout

---

(1) Chef d'une institution préparatoire pour les écoles Saint-Cyr et Polytechnique.

(2) Mariage de Napoléon III, le 27 janvier 1853.

occupés cette année de la fabrication de la fonte et du fer, il est très probable que la Franche-Comté se trouvera sur notre itinéraire, et que j'aurai le plaisir de l'amener quelques instants chez nous. Je ne sais pas si ce projet de voyage sera approuvé par le Conseil des Mines. Je ne sais pas davantage quelle sera sa durée, etc....

Ed. Bour.

N° **40.** Paris, le 21 mai 1853.

Cher papa,

Enfin, je suis libéré depuis mercredi : je ne t'ai pas écrit tout de suite, car j'étais d'une humeur massacrante : j'avais tout négligé pour préparer mon dernier examen ; j'étais de beaucoup le plus fort, et j'ai passé le plus mal de tous. Le professeur m'a demandé après où j'avais la tête. Je serai obligé de recommencer à l'apprendre et de le repasser à la fin de l'année prochaine. C'est celui de minéralogie. Enfin, je n'ai plus rien à faire ; j'ai profité de ce moment pour être un peu malade ; maintenant je suis remis : il a suffi de deux jours de repos.....

Ed. Bour.

N° **41.** Paris, le 28 mai 1853.

Cher papa,

.... Je me suis parfaitement reposé pendant ces dix jours : je les ai occupés en partie à faire un petit mémoire sur le soleil et la lune et à construire un appareil d'horlogerie pour des expériences sur l'électricité. Je me suis servi des roues que tu m'as données : cela tourne parfaitement ; seulement je cherche un régulateur : jusqu'ici cela tourne de plus vite en plus vite et mon poids est tout de suite en bas. Si tu pouvais, par une occasion, m'envoyer une ou deux roues, cela me ferait plaisir. Je rentre lundi dans la vie active ; je vais aller dessiner les locomotives du chemin de fer de Versailles.

Ed. Bour.

N° **42.** Paris, le 9 juin 1853.

Cher papa et chère maman,

J'ai vu dimanche monsieur Febvre avec bien du plaisir ; j'ai eu ainsi de vos nouvelles ; nous avons passé ensemble une

partie du dimanche, après quoi j'ai été dîner chez M. Bertrand,
qui m'avait invité à aller dîner avec lui, M. Serret, etc, à sa
maison de campagne. Nous avons reçu notre classement. Haton
est le premier, moi le deuxième, grâce à mon anglais, car je
suis le troisième sur toutes les listes ; Estaunié est le dernier :
il a cependant bien travaillé.

Nous avons commencé lundi les levers de plans ; nous
sommes sur le terrain depuis six heures du matin ; c'est assez
fatigant, bien qu'il n'y ait pas encore fait de grosses chaleurs.

J'ai construit un petit appareil avec le volant que tu m'as
envoyé : il est un peu dur, car je fais les montants en bois, ce
qui cause beaucoup de frottement ; ce qui m'embarrasse, c'est
de monter les roues sur les arbres à pignon ; je fais cela avec
des bouchons, ce qui n'est pas solide.

J'ai acheté de belles chansons pour Émile : je lui apprendrai les airs quand je serai à Gray.

10 juin. — J'ai attendu vainement M. Fèbvre hier soir,
comme il m'avait promis de venir chercher ma lettre ; s'il est
parti je vous l'enverrai par la poste.

Je viens de construire un petit appareil électrique en prenant le mouvement sur ma pendule ; seulement il est probable
que cela la fera retarder et qu'il faudra raccourcir le balancier.

Je vous embrasse.

ED. BOUR.

N° **43.** AACHEN OU AIX-LA-CHAPELLE

Samedi 17 (septembre 1853), ce soir.

Cher papa et chère maman,

Enfin me voici pour la première fois sur la terre de Prusse :
j'entends parler allemand tout autour de moi. Je suis arrivé
sans encombre. J'ai appris à mon arrivée qu'une hyène échap-
pée dans les bois que j'ai traversés à pied avait failli nous
dévorer ; mais nous ne nous en étions pas aperçus. Il ne nous
arrive aucun accident ; mon bonheur serait complet si tu étais
avec moi ; mais sois tranquille, dans quelques années il faut
espérer que notre sort sera meilleur, et que nous voyagerons
tous ensemble. Je t'ai dit que nous avions commencé notre
métier : jeudi, à huit heures, nous sommes descendus dans une
mine de houille à huit ou neuf cents pieds sous terre : quarante-
deux échelles de vingt-trois échelons dans un puits où l'eau
tombait de tout côté comme par une forte pluie. Nous avons fait
deux ou trois kilomètres en bas constamment courbés et les
jambes dans la boue, nous cognant la tête à toutes les minutes :

heureusement que dans notre costume de mineur, se trouvait un casque qui nous garantissait un peu. Puis nous sommes remontés. Ensuite nous avons pris une voiture pour aller voir une usine. Le lendemain nous partions à pied en faisant un peu de géologie et nous sommes arrivés après huit heures de marche à Verviers.

Le lendemain samedi, Haton ayant un peu mal au pied, nous avons fait moitié de la route en chemin de fer, puis, prenant un petit chemin de traverse ravissant, dans un pays totalement inconnu, qui paie des impôts à trois puissances, Prusse, Belgique et Hollande (1), nous sommes arrivés après mille détours, ayant cent fois demandé notre chemin en allemand, à une grande usine, où nous avons repris le costume de mineur, cette fois pour une mine de zinc. Elle est moins profonde et plus propre que l'autre. Enfin nous reprenons notre marche : nous arrivons à cinq heures à Aix ; nous faisons un bon dîner et nous voici devant une table à rédiger notre journal de voyage et des lettres à nos familles. C'est avec bien du plaisir que j'irai lundi à Bonn chercher des nouvelles de la famille : n'oubliez pas la réception des billets. Vous pouvez m'écrire encore à Bonn samedi prochain, puis à Mayence ou Mainz.

Adieu, je vous embrasse bien tous.

Ed. Bour.

N° **44.** Bonn, le 25 septembre 1853.

Cher papa,

.... Nous sommes partis pour Cologne, où nous n'avons pas séjourné : nous avons seulement été voir le Dôme ; nous sommes montés dessus pour voir la ville. L'église renferme beaucoup de curiosités, entr'autres les reliques des trois Rois Mages ; mais comme on donne vingt ou trente francs pour les voir, nous nous sommes contentés de la vue du Dôme.

C'est à Bonn que nous devions séjourner pour étudier une fabrique d'armes. A peine arrivés là, le propriétaire, que nous ne connaissions pas du tout, nous a conduits partout, nous a retenus à dîner, et nous a laissés libres de tout copier, de tout mesurer, etc. Le lendemain, il voulait encore nous inviter à dîner : nous avons été obligés de nous sauver comme des voleurs... Nous sommes montés sur une montagne qu'on nomme le Drachenfels, avec un vieux château en ruines : sur la ruine

---

(1) Il s'agit du territoire neutre de Moresnet, partagé récemment.

j'ai trouvé un nom écrit en fort belles lettres Bourcq : aussitôt,
j'ai pris une grosse pierre, et en démolissant les deux dernières
lettres, j'ai laissé mon nom sur le vieux mur.....

Ce que nous avons bu de meilleur, c'est du vin de Champagne indigène fabriqué à Coblentz, que nous a servi notre bon M. Bleibtreu, propriétaire de l'usine d'alun ; après l'avoir mis avec des pêches, c'était délicieux. Dans le dîner que nous avons fait là, on a servi sur la table à peu près autant de pain qu'il en faudrait pour le dîner d'Anna (1) et cela pour quatre personnes : nous avons dû en prendre notre parti.

N° **45.**   Ems, dimanche 2 octobre 1853.

Cher papa et chère maman,

Nos projets sont un peu modifiés pour la suite de ce voyage : je ne réponds pas de ne pas les modifier encore, quant à ce qui me regarde. Pour le moment, je compte arriver dans quelques jours à Mayence, où je trouverai la correspondance ; de là, j'irai à Francfort et à Mannheim ; en m'écrivant immédiatement après le reçu de cette lettre je puis encore avoir de vos nouvelles à Mannheim. Vous serez obligé de chercher sur Bouillet à quel État appartient cette ville, car les livres dont je dispose ne l'apprennent pas (2). Arrivés là, au lieu de continuer sur Strasbourg et Mulhouse, nous prenons le chemin de fer qui nous ramène directement à Paris : là nous allons voir nos autorités de Paris et de Dijon, et je suis auprès de vous le 12 environ. A partir de ce moment, j'aurai environ une semaine à prendre, du 24 au 31 octobre, tant pour paraître sur le chemin de fer que pour aller voir Lefranc et un autre de mes amis propriétaire d'usine, situés tous deux sur le chemin de fer.

Je pense que si Haton vient avec moi jusqu'à Gray, nous pourrions facilement voir l'usine de Pesmes et nous procurer sur elle les quelques renseignements que nous ne pourrions pas avoir à la simple vue : je peux savoir quelque chose de papa là-dessus dans sa lettre à Mannheim, avant que nous ne nous séparions, Haton et moi. Ma dernière lettre était je crois, datée de Sinzig : nous y avons couché deux jours. Le premier jour nous avons visité la vallée de l'Ahr, et nous sommes montés à un vieux château appelé Landskrone ; ensuite nous avons continué notre voyage ; nous avons fait un détour de

---

(1) La sœur d'Edmond, alors âgée de six ans.
(2) Mannheim est dans le grand duché de Bade.

4

deux lieues pour voir le lac de Laach ; mais nous avons été surpris par une pluie violente et forcés de nous réfugier dans un petit trou appelé Wassenach, où nous avons couché non sans avoir une foule d'aventures qui vous feront bien rire à mon arrivée à Gray. Enfin, le lendemain vendredi, nous étions à Coblentz. Haton a eu là une foule d'histoires à propos d'une lettre chargée de cent francs qu'on avait égarée à la poste ; et enfin tout étant terminé à la satisfaction générale, nous sommes partis ce matin pour les eaux d'Ems, où nous couchons ce soir, après avoir été faire une charmante promenade à Nassau. à deux lieues de là, voir le château des anciens princes de Nassau et celui de Stein. Je ne sais pas encore quel jour nous arriverons à Mayence : cela dépend du temps et de bien d'autres choses.

En attendant impatiemment de vos nouvelles, je vous embrasse de tout mon cœur.   Ed. Bour.

N° **46**.   Mainz, le 6 octobre 1853.
                     Cher papa,

J'ai été bien content en arrivant à Mayence de recevoir ta longue lettre, que j'ai lue la première, ensuite les deux autres. Je suis tout à fait décidé, sauf l'imprévu, à m'arranger ainsi : dimanche soir, je prends le chemin de fer à Mannheim : je suis le lundi matin à Paris ; j'en pars le soir ; je serai probablement obligé de passer le mardi à Dijon pour voir les ingénieurs du chemin de fer ; et je partirai pour Gray soit mardi dans l'après-midi soit le soir, enfin le plus tôt que je pourrai.

Nous avons eu une journée magnifique lundi pour aller d'Ems à Saint-Goar, où nous nous sommes couchés de bonne heure, voulant partir le lendemain avant le jour : à peine étions-nous couchés que nous avons eu la surprise de jouir d'un admirable écho qui existe dans les environs ; on a tiré quelques coups de pistolet qui se répétaient sept à huit fois ; enfin on a joué des airs de cor ; et nous entendions distinctement répéter l'air entier malgré nos fenêtres fermées. Le lendemain, étant partis de grand matin, nous sommes arrivés de très bonne heure à notre destination, Bingen ; nous avons fait une excursion à une montagne des environs d'où l'on jouit d'une vue ravissante ; nous avons salué de loin les montagnes de la France, en regrettant le temps où l'on n'avait pas besoin de regarder si loin pour les voir (1) ; enfin hier au soir nous étions à Mayence ; je courais

---

(1) Quelles n'auraient pas été les douleurs patriotiques d'Edmond Bour s'il eût vu l'invasion de 1870 !

à la poste et je dévorais les deux lettres ; je compte sur une lettre à Mannheim. Quant au jeu de cartes, je ne sais si je saurai assez d'allemand pour me faire comprendre, en demandant un *tarot* français ; je doute qu'il y en ait d'ailleurs à Mayence.

Je vous embrasse tous. A bientôt.

Ed. Bour.

N° 47.   Paris, le 29 novembre 1853.

Cher papa,

.... Voici comment je m'arrange pour ma nourriture :

1° Le matin j'achète un petit pain que je mange avec mes pommes et mes confitures, qui par parenthèse sont arrivées en très bon état : soit un franc cinquante par mois ;

2° Je déjeûne à midi, ce qui me coûte soixante centimes par jour, plus le vin qui est de quinze sous la bouteille.

Enfin, j'ai une autre pension le soir à prix fixe, trente-cinq francs par mois, le dimanche excepté. Cette pension est très bonne, seulement on ne me tient pas compte des repas manqués....

Je vais aller me commander une redingote et un pantalon, dont je ne puis me passer ; ce qui me fait à peu près de cinq à six cents francs de dettes. Je vais retourner la semaine prochaine chez M. Barbet : je n'ai pas d'autres leçons....

Ed. Bour.

N° 48.   École des Mines   Le 14 janvier 1854.

—

Cher papa,

Je suis fâché que ce pauvre Émile ne puisse pas retourner en classe ; quant à moi, mon mal de dents, mon rhume, tout est parti au bout de quelques jours. Je me suis arrangé hier soir avec M. Barbet pour aller donner des leçons dans son institution, deux fois par semaine pour commencer ; bientôt trois fois, et alors je n'aurai plus du tout de soirée libre que le dimanche. Hier j'ai profité de mon dernier jour et je suis allé voir la pièce que nous n'avons pas pu aller voir le jour de Noël ; l'empereur y est venu.

Mes élèves ne m'ont pas encore payé, tellement que, hier, quand j'ai voulu payer ma redingote, je n'ai pas tout à fait trouvé autant qu'il m'en fallait ; mais comme je vais être probablement bientôt payé, il est inutile que tu m'envoies de l'argent.

J'ai commandé hier mon uniforme avec un crédit illimité naturellement. Les bals officiels ont commencé ; je n'ai encore été désigné pour aucun. Je ne sais comment je passerai un examen ; jusqu'ici j'ai complètement perdu mon temps.

Je m'aperçois que j'ai oublié de te dire que je n'ai pas encore fait de prix avec M. Barbet (1).

Quant à aller chez Curnier-Chirol, je ne sais si j'en pourrai trouver le temps. J'ai des cours à suivre même le dimanche ; jamais je ne me couche avant minuit ou minuit et demi.

J'ai été voir madame Laplace ; elle m'a dit qu'elle avait conservé de toi un souvenir très agréable ; elle m'a fait mille amitiés.

Je t'embrasse.

Ed. Bour.

N° **49.**   27 avril 1854.

Cher papa, chère maman,

J'ai été bien aise de recevoir une lettre de vous par Chofardel, car il y avait longtemps que j'étais sans nouvelles ; il est vrai que j'avais vu Bertin (2) qui m'avait apporté des confitures qui sont parfaitement arrivées ; seulement je vois avec peine que plus le moment approche, moins vous me parlez de venir me voir.

J'ai passé mon premier examen avant-hier et hier ; c'est bien fatigant ; aussi mon pantalon que je faisais craquer au commencement de l'année sans mettre la boucle, maintenant je danse dedans quand elle est serrée. J'ai énormément d'ouvrage et je n'en fais presque pas ; car j'ai une foule d'autres idées de mécanique qui me tracassent et ne me laissent pas la tête libre pour le travail ennuyeux de l'École des Mines.

Enfin j'ai profité de la seule occasion que j'aie eue de me distraire et je m'en suis donné samedi. M. Huguenin te dit bien des choses.

J'espère qu'Anna m'écrira elle-même une petite lettre pour me faire ses adieux avant mon départ, dans le cas où je serais mangé par les loups, comme on dit qu'il y en a beaucoup là-bas.

Mon camarade Capitan est père d'un beau garçon de huit jours, qui se porte parfaitement ainsi que sa mère.

Je vous embrasse bien tous.

Ed. Bour.

---

(1) Fabricant de pendules à Paris, correspondant de M. Bour père.
(2) Le docteur Bertin, alors étudiant en médecine à Paris.

N° **50.** Paris, le 16 mai 1854.

Cher papa et chère maman,

Je ne vous dis rien de mon voyage et du jour du départ, parce que je n'en sais rien moi-même : notre administration est tellement insouciante que je le saurai probablement la veille. Je sais seulement que le 26 mai, au plus tard, je serai absolument libre. Je serais bien aise à ce moment-là d'aller passer à Gray les jours où je m'ennuierai beaucoup à attendre la lettre du ministre ; ou bien encore, si l'un de vous venait passer ce moment près de moi : mais il paraît qu'on y renonce, car vous n'en parlez plus.

Quant au but, je pense que ce sera le Harz, c'est-à-dire la ville de Clausthal (1). J'irai probablement avec un ou deux autres camarades des Mines, Estaunié et Leseure (2). Mais il n'y a encore rien de sûr. Je viens de passer procuration à M. Buchin pour toucher mon traitement en mon absence : je pense n'en avoir pas besoin.

Mes deux derniers examens m'avaient beaucoup fatigué (3) ; j'avais passé plusieurs nuits moitié à travailler, moitié à ne pas dormir. Je viens de réparer cela cette semaine, car il s'agissait d'un examen que j'étais seulement obligé de repasser pour l'avoir mal passé l'an dernier : aussi j'ai dormi douze à treize heures par jour, ce qui ne m'a pas empêché de le passer très bien. On m'a donné dix pierres à reconnaître : j'en ai nommé neuf immédiatement, et la dixième après l'avoir regardée quelque temps ; enfin, je ne me suis trompé sur aucune. Il me reste un seul examen pour mardi et mercredi prochains.

J'ai toujours les mêmes ennuis pour mes travaux en mécanique, qui m'occupent et me tracassent beaucoup, sans me conduire à aucun résultat.

J'ai eu encore des ennuis pour une commission dont m'avait chargé un de mes amis de province : c'était un achat de livres pour une somme considérable : il est placé dans un village avec un gros traitement et pas d'occasion de le dépenser (4). Il veut le placer en livres scientifiques pour se dédommager en travaillant. Enfin, au moyen de malentendus de tout genre, d'explications mal données et mal comprises, je lui ai peut-être fait perdre vingt à trente francs. Il m'a toujours dit que cela ne lui faisait rien ; et je n'ai été pour rien dans la perte ; mais cela

(1) Clausthal, alors dans le Hanovre, près de la montagne de Harz.
(2) Ingénieurs des Mines. Né à Toulouse, M. Estaunié mourut jeune.
(3) « A l'Ecole des Mines, nous écrit M. Noblemaire, il était plus assidu que nous, et pour préparer nos examens de fin d'année, nous comptions sur ses notes très complètes, mais... il les avait prises en sténographie et pas traduites ».
(4) Il s'agit de M. Ch. Pannetier, qui était à Saint-Geniez (Aveyron).

m'a toujours fait une masse d'ennuis et de tracasseries, et qui me donnent une idée de ce que cela sera quand j'aurai une place et ma responsabilité.

Enfin, j'espère que la vie m'apparaîtra moins en noir lors de mon voyage, qu'il me tarde bien de commencer.

J'ai donné congé pour le 1er juin et je pense y retourner l'an prochain.

Il y a encore une grande affaire, c'est de savoir ce qu'il faut que j'achète pour le voyage : manteau en caoutchouc, sac de voyage, etc... Heureusement nous sommes plusieurs pour y songer.

Je crois vous avoir dit que vous verriez probablement Estaunié à son retour avec moi, car Gray est sur son chemin pour retourner à Toulouse. Peut-être cependant que nous pourrions passer par Genève, s'il nous restait un peu d'argent : dans ce cas, je prierai papa de me dire s'il sait quelle est la meilleure manière de revenir de Genève à Gray.

Ainsi, mercredi prochain, mon dernier examen de géologie : départ le 1er juin au plus tôt (1).

Je vous embrasse tous comme je vous aime.

ED. BOUR.

P. S. — Si j'avais été mieux avec mon ingénieur en chef, il aurait peut-être pu me donner un permis de circulation sur le chemin de fer pour aller vous voir : mais il n'y a pas à y penser.

ED. BOUR.

N° **51.** VALENCIENNES, le 4 juin 1854.

Chère maman,

Papa a dû te donner des nouvelles assez satisfaisantes sur l'état de ma santé. J'étais seulement ennuyé d'entreprendre sans t'avoir embrassée un voyage aussi lointain. J'ai du moins chargé papa de toutes mes commissions sous ce rapport-là. En le quittant, je suis allé chez l'abbé Faublanc (2) qui a été bien contrarié de ne pas l'avoir vu ; j'ai été ensuite chez M. Victor

---

(1) Edmond Bour dut faire cette année, par décision du Conseil de l'École, un voyage d'instruction dans la Belgique et dans le Harz. On mit à sa disposition huit cents francs pour frais de voyage et cent francs pour indemnité d'entrée en campagne. Il toucha pendant ce voyage le traitement d'ingénieur ordinaire de 3e classe (1800 francs). MM. Lescure et Estaunié furent ses compagnons.
(2) M. l'abbé Faublanc, de Pontarlier, où Edmond Bour avait des parents, était premier vicaire à Saint-Médard de Paris.

Huguenin (1), qui était venu le voir avec son fils, la veille, à
cinq heures et quart : nous étions partis à cinq heures.

Le dernier jour s'est passé en courses, en malentendus de
toute espèce. Il est si difficile de se trouver quatre personnes
demeurant assez loin l'une de l'autre : enfin, nous voilà à Valenciennes. Nous n'avons pas trouvé l'ingénieur, à cause d'une
explosion qui est arrivée dans la mine ; ce sera pour nous une
occasion curieuse de voir les effets d'une explosion. Il ne nous
manquera plus qu'une chose, c'est d'en voir arriver une autre
pendant que nous serons dans la mine.

Ecrivez-moi dans quelques jours, poste restante, à Mons.

Je vous embrasse tous.

Ed. Bour.

Nº **52.** Mons, le 12 juin 1854.

Cher papa et chère maman,

La santé s'est toujours conservée en bon état, à cela près
que tous ces jours-ci je ne pouvais plus remuer ni bras ni jambes, et, après deux jours de repos, cette fatigue n'est pas encore
complètement passée. On s'instruit d'ailleurs beaucoup en
voyage, et si, quand je reviendrai, nos cheminées sont sales, je
pourrai les nettoyer moi-même, car j'ai passé toute la journée
de vendredi à monter dans d'atroces cheminées sur une pierre
qui glissait comme du marbre poli, et au milieu d'avalanches
de charbon qui tombaient sur ma tête et mes bras. Après une
semaine de travail assidu, je suis retourné à Mons avec mes
camarades, où nous avons eu le spectacle de la fête du pays. On
aurait pu se croire en plein moyen-âge, car on a conservé ici,
depuis un temps immémorial, l'usage de représenter le jour de
la Trinité un mystère intitulé *Le Limaçon*, en l'honneur de
Saint-Georges, qui a tué le Dragon *dans les environs*. La fête a
commencé par une immense procession avec cinq ou six musi-
ques, plus de deux cents châsses de saints et de saintes portées
par des jeunes filles, et un grand char à six chevaux où se tenait
le curé, qui prêchait, mais dont je n'ai pu entendre les paroles.

Après, venait le cortége du Dragon avec des diables, des
cavaliers avec des chevaux de carton et saint Georges monté
sur un vrai cheval. Le Dragon portait une immense queue de
dix à douze pieds de long avec laquelle il écartait la foule, et
cherchait à renverser saint Georges, etc. Enfin je vous donnerai
tous les détails à Gray. Le soir, il y a eu musique depuis trois
heures jusqu'à minuit ou une heure, sans interruption.

---

(1) Statuaire de Dole (1801-1860). Voir le dictionnaire Larousse.

Notre départ était fixé pour ce matin à six heures ; mais, hier soir, un employé de la mine, qui était Franc-comtois, a aperçu un ingénieur des Mines du pays, et lui a dit qu'il y avait là des élèves de l'Ecole polytechnique, ingénieurs des Mines. Aussitôt nous nous sommes vus entourés de sept à huit ingénieurs de vingt-deux à vingt-huit ans, qui nous ont forcés d'accepter à souper et ne nous ont lâchés, à une heure du matin, qu'avec la promesse de notre part de retarder un peu notre départ. Partis de Paris avec une lettre de recommandation, nous en avons déjà une douzaine pour la Belgique. On est reçu, il faut le dire, par les industriels, beaucoup mieux qu'on ne le serait en France. Quant aux jeunes ingénieurs, ils nous ont reçus tout à fait comme le font en France nos anciens camarades de l'Ecole ; et nous nous sommes quittés en nous donnant rendez-vous à Paris l'an prochain, pour l'Exposition.

Adieu, mes chers parents : je compte avoir des lettres à Liège, où j'arriverai plus tard que je ne le pensais, à cause des retards que nous font éprouver toutes les mines et usines que nous ne connaissions pas.

Je vous embrasse de tout mon cœur.

Ed. Bour.

P. S. — Je continue ma lettre, que je n'ai pas eu le temps de terminer hier. Nous avons repris notre vie aventureuse, sur les indications d'un professeur de Mons. Nous venons de voir M. Warocqué dans un château admirable, avec des serres chauffées à la vapeur, où nous avons mangé du très bon raisin, qui est déjà mûr depuis le mois de mars.

Je viens d'acheter un album pour tâcher de rapporter quelques vues : tu sais combien je dessine mal, mais j'essaierai d'apprendre. Notre costume excite chez tous les villageois, et surtout chez les jeunes filles, les accents de l'hilarité la plus bruyante. Chacun sort pour nous voir passer. Imagine-toi quatre jeunes gens, tous quatre en caoutchouc, tous quatre en chapeau gris, deux en sac de soldat et deux autres avec une immense besace, et moi avec un gros parapluie qui me sert de bâton de maréchal, et tu auras l'idée de notre équipement.

L'autre jour, nous sommes allés voir une machine : les ouvriers l'ont fait marcher exprès pour nous, avec beaucoup de complaisance, et un jeune homme du pays, qui nous accompagnait, nous a dit que l'habitude était de leur payer une pinte de bière. Arrivés au cabaret, nous avons entendu la dame du lieu dire aux mécaniciens : « Je les connais bien, je les ai entendus à la dernière kermesse. L'un d'eux a une fort belle voix. Puisque vous leur avez bien montré la machine, il faut maintenant qu'ils chantent un morceau ». Nous nous sommes empressés de décliner notre qualité de bohémiens.

J'ai été voir aujourd'hui un charbonnage, propriété d'une famille Bourg : mais je ne lui ai pas parlé de la ressemblance du nom.

Adieu, cher papa et chère maman. Je termine ma lettre déjà assez longue ; et je remets à mon retour à Gray tous les détails sur la procession et le combat du dragon. J'attends avec impatience une lettre à Liège : j'espère y être samedi ou dimanche.

Je vous embrasse de rechef.

ED. BOURG.

N° 53. LIÈGE, le 20 juin 1854.

Cher papa et chère maman,

J'ai tardé un peu à vous écrire, car nous menons une vie extrêmement active. Nous laissons la malle dans un hôtel et nous courons le sac sur le dos. Nous avons été fort bien reçus, à Liège, par les élèves et les professeurs de l'École des Mines ; et même le gouvernement belge nous a fait la gracieuseté de nous accorder à tous, la circulation gratuite sur tous les chemins de fer. Tu peux m'écrire encore à Liége, qui sera encore pour plus de huit jours, à compter de la date de cette lettre, notre base d'opérations.

Il m'est arrivé une chose assez désagréable : c'est une tentative de vol avec effraction commise sur mon sac, qui renfermait deux mille quatre cent francs en or. Heureusement le sac était très solide, et j'ai été quitte pour soixante centimes pour le raccommodage du sac.

Autre accident : mais j'en ai été prévenu. Hier, en visitant une usine, on cinglait du fer sous le marteau : le fer s'est trouvé de mauvaise qualité, a volé en éclats et nous avons été enveloppés d'une pluie de feu. J'ai été protégé par quelqu'un qui se trouvait devant moi, et je n'ai eu à déplorer que des pertes insignifiantes. Quant à Estaunié, habit, pantalon, chemise, cravate, tout est criblé de trous gros comme un bouton de chemise ordinaire : de plus, un éclat s'est aplati sur ses lunettes, qui ont été brisées et lui ont probablement sauvé la vue.

Nous partons pour Bruxelles, Anvers, etc.

Je n'ai rien de plus intéressant à vous mander : c'est toujours la même chose : visites d'usines, de mines, etc.

J'embrasse maman de tout mon cœur. Il me tarde bien de vous revoir. Ma santé est très bonne, et je pense qu'elle se conservera de même.

Je ne pense pas pouvoir rapporter des échantillons à

M. Perron, car je n'ai pas de malle, et celle d'Estaunié est archi-pleine.

Adieu, chers parents. Vous m'excuserez si je ne vous ai pas écrit plus tôt : cela tient à l'activité désespérante que nous avons déployée jusqu'ici : je pense maintenant vous écrire plus souvent.

Je vous embrasse de tout mon cœur.

Ed. Bour.

N° **54.**   Paris, le 16 novembre 1854.

Chère maman,

(.... Edmond Bour est allé chez une somnambule avec une dame qui avait perdu une bague. Il l'a consultée pour un de ses frères malades, et il rend compte à sa mère de la séance et du traitement conseillé. Puis il ajoute :)

... Je ne lui ai fait aucune question à mon sujet : elle m'a dit qu'il surviendrait un changement heureux dans ma position, pour le mois de janvier, février ou mars ; que je serai chef dans un bureau ; que pour le moment elle me voyait dans une incertitude ; enfin que j'épouserais une femme riche et que je serais jaloux. Mais comme j'ai bien de la peine à accorder à Dieu même le don de lire dans l'avenir, je ne lui ai fait aucune question là-dessus et je la ramenais chaque fois à l'objet principal.

Vous devez cinquante sous à Madame X***, car les deux consultations ne m'ont pas plus coûté qu'une seule : cinq francs.

(Il est retourné voir la somnambule le 7 février 1855, sur la demande de sa mère. Après avoir donné des détails assez longs sur les prescriptions et les remèdes, il ajoute :)

.... Je vous engage fortement à n'en rien faire, car au commencement je l'ai laissée environ cinq minutes à divaguer complètement sur la maladie, à dire des choses qui n'avaient aucun rapport. Je voulais voir si elle arriverait seule ; mais j'ai été obligé de la mettre sur la voie (1).

Je vous embrasse de tout mon cœur.

Ed. Bour.

---

(1) Voir la lettre du 21 janvier 1855.

N° **55**.   Paris, le 21 novembre 1854.

Cher papa et chère maman,

Vous comprendrez facilement le laconisme de ma dernière lettre, quand vous saurez que le premier bureau où je suis allé la mettre à la poste était déjà fermé ; je suis heureusement arrivé à temps pour le deuxième. Je reprends le journal de mon voyage.

Lundi je suis arrivé à Dijon tout à fait glacé, car le froid était excessif ce jour-là. Heureusement, j'ai trouvé M. Faton (1) à la voiture et, chez lui, un bon feu et un morceau à manger. J'ai vu le lendemain M. Cournot ainsi que Madame et M. Pierre Cournot, Madame et M. Géliot (2). Quant aux ingénieurs, ils n'ont pu me donner un billet gratis. Je suis arrivé à Paris, fatigué et mal à mon aise ; et pour comble d'ennui, la maîtresse de maison m'a prié de laisser ma chambre quelque temps à une dame qui l'occupe un jour, et attend, pour se décider, une lettre de Sébastopol. En attendant, on m'a installé dans une affreuse chambre, très petite, où je n'ai pas un placard pour serrer mes habits ou autre chose : l'huile, le bois, le charbon, etc... tout est au milieu de la chambre. Et le mari de Crimée ne se pressant pas d'écrire, j'ai tout l'air d'être dans le provisoire pour un mois ou deux.

Mercredi, j'ai dû commencer par de longues courses pour me procurer l'argent du gouvernement, à cause de la mort de notre payeur. J'ai touché près de sept cents francs qui, mes dettes payées et mes emplettes faites, me laisseront à peu près cinq cents francs qui, je pense, me suffiront pour passer l'hiver.

Jeudi, j'ai donc été faire les consultations et différentes commissions. Je me suis couché tous ces jours à neuf heures, pour réparer la fatigue du voyage, et tout ce qui ressemblait à un mal de ventre n'a pas tardé à se passer. Je rentrais seulement tous les soirs horriblement fatigué, car chaque jour je tenais cinq à six fois Paris d'un bout à l'autre. Je suis allé voir M. Lélut (3), que je n'ai pas trouvé ; j'ai trouvé M. Verdier (4) en compagnie, de sorte que je n'ai pu lui parler d'Emile.

Dimanche, le matin, j'ai été voir le cousin Auguste, que je n'ai pas trouvé ; mais sa femme m'a dit qu'il était tout à fait rétabli ; que le médecin qui l'avait condamné en était surpris ; le soir, réception, qui s'est terminée, du moins pour moi, à

---

(1) M. Faton, maire d'Essertenne en 1848, demeurait à Gray, rue des Promenades. Il mourut à Dijon.
(2) Voir 17 novembre 1851.
(3) Le docteur Lélut, de Gy, membre de l'Institut.
(4) Médecin à Paris.

peu près à la même heure que l'année où maman était là ; j'y ai vu presque tous mes camarades de l'artillerie, sauf Scheider qui ne s'est pas arrêté.

Le lendemain, je dormais encore, quand j'ai reçu la visite de Bedez (1), auquel j'ai compté dix-huit francs vingt et dont je l'envoie le reçu. J'autorise Félix à se porter créancier de son père pour cette somme et à la joindre au modeste pécune que lui rapportent ses leçons, à la charge cependant pour lui, s'il manque toujours à Émile un sou pour faire sa pièce de dix sous, de lui compléter la bienheureuse pièce.

Je suis allé voir M. Huguenin : je n'ai trouvé que M. et Madame Duet (2). J'ai reçu, lundi 20, avec bien du plaisir, les souhaits de mon frère et de ma tante Agathe ; j'ai vu seulement avec peine une faute d'orthographe dans la lettre d'Émile.

Je vous embrasse de tout mon cœur.

Ed. Bour.

Nᵒ 56.   Paris, le 4 décembre 1854.

Cher papa et chère maman,

Il est peu probable que je profite de l'occasion de Curnier-Chirol, car j'aurai une quantité de choses à mettre dans une caisse : chemises, mouchoirs, livres, etc.

.... Mes mémoires m'ennuient beaucoup et n'avancent guère : les perpétuels dérangements que me cause l'obligation d'aller de chez moi à l'Ecole des Mines ; de l'Ecole chez moi, ainsi qu'à ma pension, font que je fais bien moins d'ouvrage que chez moi.

Je vais commencer prochainement les leçons d'équitation.

Dimanche 26, j'ai été pris d'un accès de mélancolie effrayant, et accablé d'idées noires. Le soir, pour les dissiper, j'ai été revoir madame Cabel dans le *Bijou perdu* : les trois premiers actes n'ont pas fait d'effet ; mais enfin au quatrième j'étais guéri. Madame Cabel m'a cependant moins fait plaisir que dans *La Promise* ; je ne sais si c'est à cause de ma disposition (3).

Hier soir, j'ai été chez l'abbé Faublanc, qui vous dit bien des choses.

Jamais je n'ai trouvé le temps si long que depuis mon retour ; je ne pouvais pas me figurer qu'il n'y avait que quinze jours que j'étais revenu.

---

(1) Avait vendu à M. Bour père une maison Grande-Rue.

(2) Huguenin, statuaire à Dôle, beau-père de M. Duet, professeur de musique.

(3) Le *Bijou perdu*, opéra-comique d'Adolphe Adam, joué au Théâtre lyrique le 6 octobre 1853 ; *La Promise* est de Clapisson (14 mars 1854). Madame Cabel était née à Liège en 1827.

Je vois que cette année sera encore pour moi une année de misère, car il ne paraît pas que je doive retourner chez M. Barbet ; d'ailleurs mercredi soir, j'irai le voir à cet effet.

Je vous renvoie enfin l'analyse de M. Humbert (1). Je suis honteux du retard qu'on a mis ; on avait oublié pendant quelque temps de l'inscrire ; on ne l'a retrouvé que quand j'y ai fait penser ; et l'analyse terminée, le premier juin, n'a pu m'être remise qu'à mon retour. Enfin, mes excuses à M. Humbert.

Je vous embrasse.

Ed. Bour.

N° **57.** Paris, le 16 décembre 1854.

Cher papa et chère maman,

J'ai été bien ennuyé depuis que je ne vous ai vus : d'abord j'ai déménagé ; ensuite j'ai eu des cours à suivre et des mémoires à faire par dessus les yeux. Heureusement l'école ne me presse pas : je devrais déjà avoir remis au premier décembre ; je suis le seul en retard ; je ne sais comment j'aurai tout fini pour le 15 avril.

Je ne recule cependant pas devant la besogne, comme vous allez voir : au contraire.

M. de Sénarmont, ingénieur en chef, membre de l'Institut (2), qui s'intéresse beaucoup à moi, m'a pris en particulier l'autre jour, pour me demander si je voulais vivre de la science. Je lui ai dit que c'était ma passion, mais que je pouvais dire jusqu'ici que c'était une passion malheureuse. Il m'a dit qu'alors il était indispensable de prendre des grades. Je vais donc passer les examens suivants : baccalauréat ès sciences, licence ès sciences mathématiques, licence ès sciences physiques. C'est une affaire de trois cents francs : mais il m'a dit qu'il espérait pouvoir me faire dispenser des frais ; de plus, il pense me procurer des leçons ; ce qui me fait complètement défaut cette année, même chez M. Barbet, où je ne vais plus. J'en ai bien trouvé une excellente l'autre jour qu'on m'a offerte, mais j'ai cru qu'il ne serait peut-être pas très délicat de l'accepter, et j'ai refusé.

J'oubliais de dire qu'il faudrait au moins deux actes de naissance légalisés, qu'on m'enverra par la même occasion.

Je joindrai à la caisse des petits souvenirs pour les enfants.

---

(1) M. Humbert, père du colonel Humbert, sorti de l'Ecole polytechnique, était directeur du fourneau du Moulin-du-Comte, sur la route de Velesmes, près Ancier.

(2) Né en 1808, mort en 1862. (Dict. Larousse). Lui aussi était sorti le premier de l'Ecole polytechnique.

1° Pour Anna, une bourse venant de Californie, tout en or : seulement il n'y a pas de diamants, car il n'en vient pas dans ce pays-là.

2° Pour Emile : d'abord un cachet pareil au mien et que je vais essayer pour cacheter cette lettre ; et un beau porte-cigares, genre anglais, tout ce qu'il y a de plus beau ;

3° Pour Félix, comme c'est un jeune homme qui va courir le monde, sur les ailes de l'électricité, je lui envoie une petite boussole pour le maintenir dans le bon chemin. Elle est visible avec un microscope grossissant suffisamment et se met à breloque après la montre. Il y a aussi pour lui un porte-cartes de visites.

Enfin, pour maman, quelque chose de magnifique, mais dont je veux lui laisser la surprise.

Il n'y a que Ferdinand pour lequel je n'aie encore rien acheté, mais il n'y perdra rien ; car ma caisse n'est pas encore prête ; et dans la première lettre qu'on m'écrira, il me dira ce qu'il préfère et je le lui enverrai.

Tous vos amis vous disent bien des choses ; je pense qu'Edouard Bergeret (1) est venu et vous a donné de mes nouvelles.

J'ai vu avec peine que Félix avait outrepassé mes instructions en donnant à Emile trente-neuf sous de trop. J'ai inscrit sur mon carnet trente-neuf sous pour le compte d'Emile, et il verra à mon prochain voyage à Gray que je saurai bien me les faire payer.

Je vous embrasse tous.

Ed. Bour.

N° **58**.　　　　　　　　Paris, le 20 décembre 1854.

Cher papa et chère maman,

Je suis très inquiet de ne pas recevoir de nouvelles, car on m'a dit hier que le choléra avait recommencé et faisait trois à quatre victimes par jour (2). Je pense bien que si cela est, votre première lettre sera datée d'Auxonne ou d'autre part, car ce serait une folie de rester si cela devait recommencer. Écrivez-moi toujours, par le premier courrier, si vous êtes tous en bonne santé. Quant à moi, je ne puis pas rester sans quelque

---

(1) Fils de J.-B. Bergeret, négociant à Gray, puis secrétaire de la mairie ; il écrivait dans la *Presse Grayloise* sous le nom de Claude-Etienne.

(2) Le choléra sévit à Gray du 13 juillet au 19 août : 527 personnes dont quatre médécins et deux étudiants en médecine y moururent durant cette période. Il y eut jusqu'à trente-quatre décès par jour, les 20 et 22 juillet ; le 21, il y en eut 33 ; et les deux tiers de la population avaient fui.

chose ; j'ai été pris il y a quelques jours d'un violent mal de
dents qui me tourmente surtout les nuits : cela n'est pas dangereux, mais cela fait bien souffrir. J'ai été voir hier le directeur
des études de l'Ecole polytechnique, pour lui demander à aller
faire des manipulations de physique ; il m'a demandé si ma
position ne pourrait pas se régulariser cette année. Je lui ai dit
que non, et que je ne pouvais que venir irrégulièrement. « Et
l'année prochaine ? » a-t-il ajouté. Je lui ai dit que cela ne
dépendait pas de moi et que je ne savais si l'on me laisserait
venir à Paris. Ainsi, toujours même incertitude. Si Félix voulait m'envoyer un certificat d'inaptitude au service militaire, je
ferais quelques démarches de mon côté pour lui être utile.

Je vous embrasse de tout mon cœur : n'oubliez pas le sujet
principal de ma lettre et dites-moi franchement tout ce qu'il en
est.

Ed. Bour.

Nº **59**. Paris, le 30 décembre 1854.

Chers parents,

Ce n'est pas sans émotion que j'écris pour la dernière fois
cette date de 1854 qui a failli nous être si funeste, et je remercie la Providence, qui a écarté le danger de vos têtes, en la
priant de vous continuer sa protection. Je la remercie bien
aussi de ce qui m'arrive, ainsi que tous les vieux élèves de
l'Ecole polytechnique qui m'ont aidé de leurs conseils et de leur
appui. Je reprends l'histoire où tu la sais.

Je t'avais dit que je voulais prendre les grades de licencié
et que j'avais demandé à être dispensé des frais. Au lieu de cela,
on me dispense de tout examen, grâce à M. de Sénarmont (1).

---

(1) *Demande d'exemption pour les examens de baccalauréat et de licence*
ès sciences

Monsieur le Ministre,

Je suis sorti de l'Ecole polytechnique en 1852. J'étais placé sur la liste générale le premier, et j'ai reçu le prix fondé par madame la marquise de Laplace.
Admis à l'Ecole des Mines, je suis encore élève en ce moment, mais je termine-
rai en 1855 mon cours d'études. Avant d'entrer à l'Ecole polytechnique, j'avais
passé mon examen de bachelier ès lettres, avec l'intention de prendre plus tard
tous mes autres grades. Mes études obligatoires et les absences forcées qu'elles
m'ont imposé presque tous les ans m'ont empêché de prendre les grades de
bachelier et de licencié ès-sciences. Je me crois cependant en mesure de passer
dès à présent l'examen de docteur. J'oserai solliciter de vous, Monsieur le Ministre, d'être dispensé de deux épreuves qui exigeraient des délais peu compatibles
avec mes autres études, et m'imposeraient des sacrifices pécuniaires que ma posi-
ion de fortune me rendrait très onéreux. Peut-être, Monsieur le Ministre, juge-
rez-vous que les épreuves que j'ai subies à la sortie de l'Ecole polytechnique, et
les examens annuels de l'Ecole des Mines, peuvent suppléer à ce qui manque à
l'enchaînement régulier des épreuves universitaires.

J'ai l'honneur, etc.

Je puis me présenter de suite au doctorat. L'année dernière, en cherchant un problème de la plus haute importance pour la mécanique céleste, j'avais trouvé autre chose que je n'avais pas remarqué parce que je cherchais mieux : j'ai montré cela à M. Bertrand, qui m'a dit que c'était une assez jolie découverte qui pouvait me faire recevoir docteur, ce qui donne droit, comme tu le sais, à une place de professeur de Faculté. Comme l'impression des ouvrages de mathématiques coûte fort cher, j'ai été trouver le directeur des études de l'École polytechnique, pour le prier de le faire imprimer aux frais de l'École ; il m'a répondu qu'il le ferait avec plaisir, si la Commission l'adoptait.

Hier, à la même heure, j'ai trouvé, après avoir remis mon mémoire à M. Bertrand, qu'il y manquait quelque chose de capital, sans quoi il ne pouvait servir à rien. J'ai passé vingt-quatre heures sans respirer : je n'ai rien pu dormir tant j'étais occupé de cela ; enfin, depuis cinq heures, je viens de trouver ce qui manquait et qui va donner encore plus de valeur à mon travail. Voilà huit jours que je ne bouge pas. Je vais passer également demain, le jour de l'an et le mardi suivant, à terminer mon travail, ce qui demande de la rapidité, de crainte que quelqu'un ne s'empare de ma découverte.

Je suis un peu fatigué depuis quelques jours : ce n'est pas que je veille trop tard, car je me couche à dix heures et me lève à huit heures ; mais je dors peu à cause de l'occupation et de l'inquiétude.

J'oubliais une mauvaise nouvelle pour moi : je ne ferai pas de deuxième voyage ; je serai placé au mois de mai. Cela me procurera probablement l'occasion de passer deux à trois mois ou plus à cette époque à Gray ; car les nominations traînent toujours longtemps dans les bureaux. Je regretterai beaucoup le séjour de la capitale : surtout à cause de ce qui m'arrive à présent. Je n'aurai pas à chaque instant les conseils de M. Bertrand et les cours du Collège de France. Enfin il faut se résigner.

Je vous souhaite donc le premier de tous la bonne année, en vous disant : à quatre mois.

Ed. Bour.

P. S. — Ma lettre est bien mal écrite ; mais j'ai eu la tête trop occupée pour faire du feu, et mes doigts sont un peu engourdis ; d'ailleurs, grâce à ma robe de chambre, à mes souliers fourrés, à mon caleçon et à mes tabourets, la main est la seule partie de mon individu exposée aux intempéries de l'air.

J'oubliais de remercier maman de sa cravate, que je me suis empressé de mettre. Je la trouve très jolie, car j'aime beaucoup le bleu comme cravate.

N° **60.**   Paris, le 17 janvier 1855.

Chère maman,

Je m'empresse de te répondre *que mes coliques ont disparu*, malheureusement il n'en est pas de même de ma fluxion, qui heureusement ne me fait pas beaucoup souffrir, mais qui est ennuyeuse à garder si longtemps. Il y a quelque chose de plus grave : c'est cet examen de docteur qui me préoccupe beaucoup et m'enlève presque complètement le sommeil, sans que ma volonté puisse rien là-contre. Après avoir donné mon travail à M. Bertrand, qui l'avait trouvé très bon, j'y trouve tous les jours des fautes nouvelles, et aujourd'hui entre autres je suis dans un moment de découragement complet. J'ai passé le jour de l'an à travailler du matin au soir ainsi que tous les jours de la semaine, et j'ai les yeux et la tête un peu fatigués.

J'engage Émile à ne pas se laisser carotter : c'est probablement maman qui a confisqué le porte-cigares. En attendant, comme dédommagement, je lui fais cadeau du faux-col qui s'est trouvé dans la caisse mêlé aux chemises.

Comme nous ne devons pas faire de voyage, j'ai eu une idée : j'irai trouver le directeur des Chemins de Lyon et je lui demanderai un billet de circulation jusqu'à Marseille, pour voir les usines environnantes, ce qui me fournira l'occasion d'aller voir nos parents de Marseille. Je pense que maman saisira l'occasion et m'accompagnera jusque-là. Si mon projet est adopté, envoyez-moi dans votre lettre l'adresse de nos parents, à qui j'écrirais deux mots pour annoncer ma visite.

Je vous embrasse tous de tout mon cœur.

Ed. Bour.

P. S. — Vous m'avez dit laconiquement que madame X... avait retrouvé sa bague, sans me dire si c'était conformément aux indications de la somnambule.

N° **61.**   Paris, le 21 janvier 1855.

Cher papa et chère maman,

J'ai trouvé votre lettre en revenant d'un petit voyage, ce qui fait que je n'y ai pu répondre plus tôt. Si je l'avais eue dimanche matin, je vous aurais répondu d'Hazebrouck, de Lillers, de Béthune ou d'Arras (1), ce qui vous aurait fort étonné

---

(1) Hazebrouck, chef-lieu d'arrondissement du Nord ; Lillers, chef-lieu de canton de l'arrondissement de Béthune (Pas-de-Calais) ; Arras, chef-lieu du Pas-de-Calais.

sans doute, car je ne vous avais rien dit de ce voyage par la raison toute simple que le samedi à dix heures, j'ai su que je devais partir le dimanche à midi, Il faut savoir qu'il règne dans le Nord et le Pas-de-Calais une véritable épidémie : chacun creuse des trous de neuf cents à mille pieds ou plus, pour chercher du charbon, ce qui fait une dépense de deux à trois cent mille francs sans savoir si l'on en trouvera : c'est pour voir creuser ces trous que je suis allé dans ce pays.

Les voyages à pied sont moins agréables maintenant qu'en été ; j'ai eu tous les mauvais temps possibles : le premier jour, près d'Hazebrouck, il y avait au moins un pied de boue ; les habitants portent de grands patins pour marcher là-dedans ; le deuxième jour, à Lillers, nous avons pataugé dans la neige pour changer, mais heureusement que dans tout ce pays on trouve partout de bons feux de houille qui vous réchauffent complètement. Après cela, sont venus des froids excessifs comme on ne se rappelle pas en avoir vu à Paris. J'ai supporté également bien ces alternatives, qui se sont terminées à Arras par un déjeûner de camarades avec les lieutenants du génie et des libations de champagne, à la santé de nos braves de Crimée. Je suis maintenant à Paris, ennuyé autant qu'il est possible de l'être par toute ma besogne, qui n'avance guère, et par la température glaciale qui gèle tout dans ma chambre à côté du feu.

Je remercierai donc bien maman pour tous les préservatifs qu'elle m'enverra contre le froid : cache-nez, caleçons, etc. J'ai un grand besoin de mes chemises, mais je ne perds pas patience, car je sais bien que maman me les enverra aussitôt que ce sera possible. J'irai consulter une deuxième fois la somnambule si vous le voulez, mais je ne vous cache pas que je n'y ai guère confiance : il m'a semblé qu'elle voyait très peu clair à la maladie d'Emile ; et en outre elle m'a fait une foule de prédictions (qui m'auraient fait bien du mal si j'avais été un tant soit peu superstitieux), que je vous avais cachées pour ne pas vous tourmenter, et qui heureusement ne se sont pas vérifiées. Le terme qu'elle leur avait assigné, c'était le premier janvier. Quant à madame X... il paraît qu'elle s'est aussi grossièrement trompée, quoique cependant c'est là qu'elle a dit le plus de vérités. D'ailleurs, je suis à votre disposition.

Je vous embrasse de tout mon cœur.

Ed. Bour.

P. S. — Il y a longtemps que j'oublie de dire à M. Perron que j'ai fait déterminer ses fossiles par M. Bayle (1), qui les a

---

(1) Ingénieur en chef des Mines, professeur à l'Ecole.

trouvés pour la plupart très beaux, mais sans manifester l'intention de s'en emparer, et que de plus il m'a promis de chercher pour lui quelques fossiles des terrains anciens et crétacés.

ED. BOUR.

N° **62**.   PARIS, le 17 février 1855.

Cher papa et chère maman,

J'ai plaint maman de tout mon cœur pour ses maux de dents, car je sais tout ce que j'ai souffert le mois dernier : plus heureux qu'elle, j'ai pu m'en tirer sans faire arracher la dent malade. Cette lettre sera empreinte de couleurs moins noires que la précédente : j'ai rarement été plus content que cette semaine. D'abord mon habit est retrouvé ; c'est le commissionnaire qui l'avait conservé et l'a rapporté sur la réclamation du tailleur.

2° Je viens de terminer, avec un retard considérable, il est vrai, le reste de mes rapports de voyage.

3° J'ai passé toute la semaine en fêtes : dimanche chez M. Perron ; mardi 13, chez M. Dumay (1) ; mercredi chez M. Huguenin, qui remercie papa de son renseignement ; aujourd'hui samedi à l'Hôtel-de-Ville et dimanche chez M. Gros (2).

4° Enfin, après avoir mis de côté, d'après les conseils de M. Bertrand, mon grand travail, qui m'occupait depuis plus de deux mois, j'ai trouvé moyen cette semaine, entre une valse et une polka, d'en faire un nouveau qui a reçu jeudi l'approbation de M. Bertrand ; de sorte que mon doctorat est pour ainsi-dire assuré ; j'ai même beaucoup de temps, d'ennuis et de travaux avant ce moment ; mais enfin le chemin est tout tracé ; une fois que j'aurai conquis ce titre et fixé peut-être l'attention de quelques personnes, je reprendrai à loisir mon grand travail sur le soleil et la lune, auquel je rêve toujours, et qui aurait pour moi une importance capitale : certainement, si je suis un jour docteur, je pourrai en rendre grâces après Dieu à M. Bertrand.

J'ai toujours du travail par-dessus les yeux, ce qui se comprend facilement, puisque, outre mes thèses, j'ai deux mois de retard sur mes camarades pour le travail de l'École des Mines.

Je me fais toujours de plus en plus difficilement à l'idée de

---

(1) Alexandre Dumay, ancien magistrat, avait refusé de prêter serment après le 2 décembre. Il était frère du docteur Dumay, d'Autrey, dont la fille a épousé M. Adolphe Charnotet.

(2) Imprimeur à Paris, rue Cassette, beau-frère d'Augustin Cournot.

quitter Paris, car en province (1) il ne me serait plus possible
de continuer mes travaux. C'est pour cela surtout que je veux
hâter le plus possible le moment de mon examen ; mais je suis
effrayé en voyant le peu de travail que je fais en un jour. Les
courses et temps perdu pour le déjeuner et le dîner absorbent
un temps considérable ; et il m'arrive très souvent de me trouver à la fin de la journée avec une demi-page ou une page d'é-
criture, ceci indépendamment du temps consacré à l'Ecole des
Mines, trois heures et demie ou cinq heures.

Ed. BOUR.

P. S. — Les chemises dont on a changé le col vont parfaitement pour le tour du cou ; les autres sont un peu trop justes ;
et je crains quelquefois de me trouver un jour pendu.

N° **63**. PARIS, le 25 février 1855.

Cher papa et chère maman,

Je vous écris d'abord pour vous reprocher de m'avoir laissé
si longtemps sans nouvelles, car il y a juste quinze jours que
j'avais reçu la dernière lettre ; et je craignais que maman n'eût
eu de nouveau à souffrir de ses dents. J'ai besoin en outre de
demander à papa un service qui me presse beaucoup, le voici :

Hier, M. de Sénarmont, dont je t'ai souvent parlé, m'a
conduit à la soirée de M. Dumas, auquel il m'a présenté (2).
M. Dumas s'était chargé de remettre au Ministre ma demande
de dispense pour les examens du baccalauréat et de la licence.
Il est indispensable pour cela de consulter la Faculté, et il faut
que cela soit fait le plus vite possible, car je dois quitter Paris
au mois de mai. M. Dumas m'a dit d'aller voir M. Lesieure de
sa part et M. de Sénarmont ayant appris que je connaissais
M. Cournot, son ami intime, m'a engagé à lui demander une
lettre pour M. Lesieure ; je prie papa de lui écrire immédiatement à ce sujet. Il s'agit de prier M. Lesieure de ne pas laisser
ma demande dans les bureaux et de la transmettre de suite à la
Faculté. Quant à l'objet de la demande en lui-même, je crois
qu'il ne souffrira pas de difficultés.

En attendant, je travaille cette semaine considérablement.
Je ne mettrai pas les pieds à l'Ecole des Mines, car M. de Sénarmont doit présenter lundi prochain mon travail principal à
l'Institut ; on nommera une Commission, et dans quinze jours

---

(1) On avait offert à Ed. Bour une place à la Faculté des Sciences de Nancy et
à celle de Lyon.
(2) J.-B. Dumas, l'illustre chimiste.

elle fera un rapport ; tu devines facilement avec quelle anxiété j'attends le rapport de la Commission. Ainsi je compte que papa écrira de suite à M. Cournot et le priera de m'envoyer le plus tôt possible la lettre dont j'ai besoin pour M. Lesieure. De mon côté, je ferai ce qui dépendra de moi pour que mon travail ait l'approbation des savants.

Rien d'autre chose à vous mander, si ce n'est que je vous embrasse de tout mon cœur, que je participe aux soucis de Ferdinand.

Donnez-moi des nouvelles de la santé d'Emile, surtout pas trop de confiance dans la somnambule, à laquelle pour ma part je ne crois pas du tout, et je suis persuadé que vous seriez tous comme moi si vous l'aviez consultée.

Ed. Bour.

N° 64.　　　　　　　　　　　Paris, le 1er mars 1855.

Cher papa et chère maman,

Je reçois la lettre de M. Cournot pour papa, qui probablement reçoit en même temps la mienne ; je pense que tu n'auras pas attendu ce mot de moi pour me l'envoyer. Je partage mon temps entre le travail et les courses ; je suis heureux d'avoir un guide comme M. de Sénarmont qui voit cinquante personnes pour moi, me présente partout et va jusqu'à m'aider à la rédaction de mon mémoire.

Il m'a déjà trouvé cinquante manières de rester à Paris. La meilleure mais la plus difficile serait avec la place de professeur de mécanique à l'Ecole des Mines. M. Leverrier me fait aussi des propositions pour m'attacher à l'Observatoire (1).

Je ne vous en écris pas plus long, car je suis très pressé. Je vous embrasse.

Ed. Bour.

N° 65.　　　　　　　　　　　Paris, le 6 mars 1855.

Cher papa et chère maman,

Mon mémoire a été présenté hier à l'Institut par M. Elie de Beaumont (2). J'en ai rédigé une analyse que l'on va faire

---

(1) Voir n° 85, note.
(2) Titre : *Mémoire sur l'intégration des équations différentielles de la mécanique céleste.*

imprimer et qui paraîtra lundi prochain. Mais je suis toujours très inquiet, car c'est le moment où mon mémoire va être lu par les savants, et je tremble qu'ils ne le trouvent inexact.

Je suis toujours très occupé et mon travail de l'Ecole des Mines n'est pas commencé.

J'envoie à Emile (1) un couplet que je me suis amusé l'autre jour à ajouter à une de ses chansons (2). Il fait allusion à un fait historique que Félix connaît probablement.

M. Bertrand, qui m'avait déjà donné toutes ses petites brochures, m'a fait cadeau d'un bel ouvrage de quarante francs qu'il vient de publier : c'est une édition magnifique : le texte est encore plus beau que celui de Laplace.

Je vous embrasse de tout mon cœur.

ED. BOUR.

N° **66.** PARIS, le 17 mars 1855.

Cher papa,

Puisque l'heure inflexible de la poste me force à te souhaiter la fête un jour d'avance ou à n'arriver qu'après toute la

---

(1) M. Emile Bour, né le 21 janvier 1839, mourut le 6 janvier 1863.
(2) Cette chanson a pour titre : *L'eau et le vin*. Nous n'en connaissons pas l'auteur.

I

Sans cesse on nous jette au visage
Que, plus que nous, la brute est sage
Car elle boit uniquement
Si la soif l'y pousse vraiment,
Tandis que notre intempérance
Nous porte à boire, soif ou non ;
Voulez-vous savoir la raison
De cette énorme différence ?
    Ce n'est parbleu pas fin.
La brute boit de l'eau ; nous, nous buvons du vin (bis)

II

Contre l'averse que j'essuie
J'ai l'abri de mon parapluie,
Dont le dôme, en tissu soyeux,
Chasse loin de moi l'eau des cieux,
Du dôme, j'aime l'élégance,
Mais le vent flatterait mon goût,
En le retournant tout à coup,
Pour en faire une coupe immense
    Que j'aurais à la main
Au lieu d'être de l'eau, s'il nous pleuvait du vin (bis).

famille et tous les amis ; j'aime mieux prendre les devants et te
dire le premier de tous que je t'embrasse de tout mon cœur, et
que je m'associe du fond de ma retraite au bonheur de tous
ceux qui fêteront demain soir la saint Joseph.

Cette lettre me fait penser à toutes celles que j'ai déjà écri-
tes pour la même circonstance ; cela me rappelle qu'il y a bien

---

III

Dans l'onde, quand le soleil brille,
Je vois le poisson qui frétille,
Et je me dis en regardant
Le fond de ce cristal mouvant :
En y jetant de l'échalotte,
Du sel, du beurre et des oignons,
Nous ferions, gourmands de poissons,
Une fameuse matelotte,
Du gros et du fretin,
Au lieu d'être dans l'eau, s'ils étaient dans le vin (bis).

IV

Nous plaignons le sort de Tantale,
Atteint d'une soif sans égale,
Et qui voit l'eau se retirer
Quand il veut se désaltérer.
C'est un supplice épouvantable
Et que mérite à tout jamais
L'auteur du plus noir des forfaits,
Mais il eût eu, le misérable,
Un plus triste destin,
Au lieu d'être de l'eau, si c'eut été du vin (bis).

V

Jadis un prince d'Angleterre
D'un tyran prisonnier de guerre
Au trépas se vit condamné.
De le noyer l'ordre est donné.
Ah ! si la rigueur inflexible,
Disait-il, exige ma mort,
Au moins, pour adoucir mon sort,
A mon dernier vœu sois sensible.
S'il faut mourir, enfin,
Au lieu d'être dans l'eau, que ce soit dans le vin. (bis) (a)

VI

Le vin et l'eau dans la balance
Si l'un a notre préférence,
Avouons, avec loyauté.
Que l'autre a son utilité.
Car elle sait, faveur insigne,
Quand elle tombe en nos sillons,
Faire pousser fruits et moissons,
Surtout faire pousser la vigne.
Aimons-la donc enfin,
Puisque c'est grâce à l'eau que nous buvons du vin (bis).

a) Couplet d'Edmond Bour. Il s'agit du duc de Clarence, noyé dans un tonneau de Malvoi-
sie, par ordre de son frère Edouard IV, roi d'Angleterre.

longtemps que je n'ai pu assister à la fête de la famille et que je
ne sais pas si j'y viendrai jamais reprendre ma place.

J'aurais voulu t'envoyer pour bouquet l'analyse de mon
mémoire, mais elle a été imprimée dans un journal qui ne se
vend pas au numéro : il ne se donne qu'aux abonnés. On m'a
dit qu'il fallait en faire imprimer un cent. Comme le mémoire
ne tardera pas à être imprimé *in extenso*, je n'ai pas cru devoir
faire la dépense de l'analyse. Le sujet est assez difficile à expli-
quer. Il s'agit des théorèmes généraux de la mécanique. Le titre
est : *Mémoire sur l'intégration des équations différentielles de
la mécanique analytique*. J'ai écrit à M. Cournot à ce sujet.

Je n'ai pas vu M. More : je suis allé le voir dès le matin et
il était déjà sorti (1).

Je suis fâché qu'Emile ait donné le petit couplet que je lui
ai envoyé ; il aurait dû se borner à le chanter au dessert.

*J'ai été heureux de pouvoir à mon tour rendre service ces
jours-ci à un ingénieur en chef que m'avait adressé M. Bertrand ;
et de reconnaître ainsi un peu tous ceux que m'avaient rendus
les camarades.*

Je termine encore en t'embrassant de tout mon cœur, ainsi
que maman, mes frères et ma sœur.

Ed. Bour.

P. S. — Estaunié a quitté la Chambre qu'il occupait près
de moi pour aller se loger au diable : rue des Postes. Nous
n'avons d'ailleurs jamais été meilleurs amis.

J'ai aujourd'hui un rendez-vous très long avec le savant
chargé d'examiner mon mémoire : je verrai ce qu'il en dira.

Je vous embrasse derechef.

Ed. Bour.

N° **67.**   Paris, le 24 mars 1855.

Chère maman,

C'est de tout mon cœur que je t'envoie mes souhaits pour
la fête, bien que cela me fasse de la peine de n'être représenté
que par cette triste lettre au milieu des fleurs et des baisers de
toute la famille. Ce qui me console, c'est que mon souvenir sera
dans tous les cœurs, comme le vôtre, que je suis bien aise de
trouver dans le mien, au milieu de toutes les fatigues et de tous
les ennuis de cette année.

Je ne sais si cela tient aux verres de bon vin que l'on vide

---

(1) M. Jules More allait voir, à Paris, madame Pradher, sa tante, pension-
naire de l'Opéra-Comique.

souvent à ma santé (et que par parenthèse je ne serais pas fâché de vider un peu à la vôtre, car j'en bois du bien mauvais), mais je ne me suis jamais mieux porté.

Je ne sais si je vous ai dit que j'allais monter à cheval ; mais j'ai commencé cette semaine. C'est un exercice très violent pour peu qu'on ait une bête un peu difficile, comme cela m'est arrivé jeudi dernier ; mais je crois que cela ne peut que me fortifier. Je ne sais trop comment je vis depuis quelques semaines. Je suis pressé, tourmenté, accablé de toutes manières à l'occasion de mon mémoire. J'en ai déjà fait une douzaine d'extraits de toutes dimensions, plus des analyses, des traductions d'ouvrages anglais, italiens, etc... qui peuvent s'y rapporter. Dimanche dernier, j'ai passé la journée la plus triste qu'on puisse imaginer. M. Liouville (1) m'avait demandé la veille un extrait que je devais lui rapporter le soir. La conférence scientifique s'est terminée par un bal, car chez lui aussi on fêtait la Saint-Joseph ; mais je m'y suis bien ennuyé. C'est ce qui m'arrive toujours avec les personnes que je connais peu.

J'ai été débarrassé cette semaine d'un concurrent redoutable pour la place de professeur qu'on me fait espérer. On lui a offert une place de vingt mille francs en Autriche.

Je vous embrasse de tout mon cœur en soupirant après la fin de tous mes ennuis, que je vois encore bien éloignée. Je serais bien aise dans une prochaine lettre d'avoir des nouvelles un peu détaillées de la santé d'Émile.

Je termine en souhaitant encore une bonne fête à maman et à moi un prompt retour dans ses bras.

Ed. Bour.

N° **68.** Paris, le 26 mars 1855.

Cher papa et chère maman,

Je n'ai malheureusement rien de nouveau à vous mander depuis samedi : je crains bien que mon mémoire ne soit renvoyé aux calendes grecques : je n'en ai pas de nouvelles.

N'ayant pu joindre M. More, je profite de Chofardet (2) pour envoyer du thé à maman. Elle me dira si elle le trouve bon ; c'est, je crois, celui qu'elle prend d'habitude.

M. Perron s'est chargé de voir le chef de bureau qu'il con-

---

(1) M. Joseph Liouville, directeur du *Journal de mathématiques* (1806-1882).
(2) Auguste Chofardet, fils d'un notaire de Gray ; alors étudiant en droit : il fut avocat à Besançon et mourut en 1871, dans une entrevue avec le général allemand Manteuffel, à Saint-Vit, étant adjoint de Besançon.

naît à l'occasion de Félix ; et Brugnon, qui voit plus souvent que moi M. Perron, le rappellera un peu à son souvenir.

Je compte bien qu'il y a une lettre en route pour m'apprendre comment on a fêté saint Gabriel, et je pense même y trouver quelques lignes de maman : je l'attends avec impatience.

Le temps est abominable : voilà deux à trois jours de neige : l'hiver est tout à fait revenu ; je ne sais si Gray est aussi peu favorisé que nous.

Je vous embrasse de tout mon cœur.

Ed. Bour.

N° **69.**   Paris, vendredi saint 6 avril 1855.

Cher papa et chère maman,

Je vous écris deux mots à la hâte pour vous dire que je me porte bien ; mais à part cela je suis ennuyé autant qu'il est possible de l'être. Il est très probable que malgré mes titres je me verrai préférer je ne sais qui, peut-être Haton, qui a déjà la place de répétiteur de mécanique à l'École polytechnique, et que j'irai à Saint-Etienne faire le cours d'exploitation des mines aux ouvriers mineurs.

Je prierai pourtant Félix de m'envoyer, par Chofardet, mon cours de mécanique lithographié : je le prierai aussi de vérifier s'il n'en manque pas de feuilles.

Je n'ai aucune réponse pour le doctorat : M. Lesieure me ferme sa porte malgré la lettre de M. Cournot, et comme je serai placé vers la fin d'avril, il est probable que le doctorat sera renvoyé aux calendes grecques.

En attendant, je travaille sans relâche pour pouvoir envoyer à l'Académie lundi mon deuxième mémoire : voici la fin du rapport qui a été fait sur mon premier :

« Les géomètres lirent avec intérêt le mémoire de M. Bour. « C'est dans les excellentes leçons de M. Bertrand que M. Bour « a puisé les idées premières de son travail. L'élève s'est montré « digne du maître ».

« Nous proposons à l'Académie d'approuver le mémoire de « M. Bour et d'en ordonner l'insertion dans le recueil des « savants étrangers. Les conclusions sont adoptées. »

Ed. Bour.

Nous laissons ici la parole à un juge compétent :

« Le premier mémoire présenté par le jeune mathématicien,

dit M. de Chardonnel, porte sur l'intégration des équations différentielles de la mécanique analytique. Dans ce travail, il montra comment on peut abaisser de deux degrés l'ordre de ces équations lorsque l'on connaît une intégrale, simplification que l'on ne peut appliquer de nouveau sans connaître une autre intégrale indépendante de la première. L'illustre Jacobi avait découvert cette méthode vers la fin de sa carrière, mais elle n'avait point été publiée, et ne fut retrouvée que plus tard dans ses papiers. Bour, dès le premier pas, marchait ainsi à vingt-deux ans sur les traces des maîtres, et portait ses investigations dans un ordre d'idées où c'est déjà un mérite que de pouvoir se placer.

« Quand les grands géomètres du XVII⁰ siècle eurent inventé le calcul différentiel et le calcul intégral, ces instruments merveilleux qui permettent tantôt de suivre les grandeurs dans leurs variations infinies pour les saisir au passage lorsqu'elles remplissent les conditions du problème, tantôt de décomposer la difficulté en prenant un élément infiniment petit pour le simplifier, et pour reconstituer une grandeur finie avec une infinité d'éléments analogues, les découvertes se succédèrent rapidement dans le nouveau monde que Leibnitz et Newton venaient d'ouvrir à l'esprit humain. Mais bientôt les développements les plus naturels de leurs théories furent connus, et l'on peut juger des difficultés qu'éprouvent actuellement les géomètres à triompher d'obstacles qui ont arrêté leurs devanciers, depuis les deux premiers Bernouilli et le marquis de l'Hôpital jusqu'à notre illustre Cauchy. Le calcul différentiel peut toujours fournir les moyens de mettre un problème en équation, et de ce premier résultat, déjà, on tire souvent des déductions importantes. Mais l'intégration, qui mène au résultat final, n'est possible que dans un nombre de cas limité : c'est à l'obtenir que les mathématiciens travaillent particulièrement aujourd'hui, et ce problème est d'autant plus difficile que les solutions se présentent généralement en nombre infini. Dans sa mécanique analytique, Lagrange a ouvert une nouvelle voie de recherches par certaines transformations d'équations. Jacobi, Hamilton et Bour, dans presque tous ses mémoires, ont travaillé dans cette direction, où l'on s'engage appuyé sur des théorèmes de mécanique, mais où l'analyse mathématique finit par se confondre avec ses applications, tant les raisonnements deviennent *généraux et indépendants de la nature des grandeurs auxquelles ils s'appliquent.*

« Jacobi avait laissé en mourant un ouvrage inédit sur la mécanique analytique. La publication posthume de ce travail, dit Edmond Bour, vient de commencer dans le « JOURNAL DE CRELLE », par les soins de M. Clebsch, et c'est avec une bien vive satisfaction qu'en tenant compte de la différence entre le couronnement de l'œuvre d'un maître et les essais incertains d'un élève, j'ai retrouvé dans la nouvelle méthode de Jacobi l'identité la plus parfaite avec celle que j'ai eu l'honneur de soumettre à l'Académie des sciences dans la séance du 5 mars 1855 » (1).

N° **70.**   PARIS, le 15 avril 1855.

Cher papa et chère maman,

Je vous écris deux mots à la hâte : je suis au maximum de la fatigue et du découragement. Demain, je remets mes concours à l'Ecole des Mines : ils seront tout juste terminés, et si jamais je suis professeur, et qu'un de mes élèves m'en remette de pareils, je croirai qu'il se moque de moi. Quant au mémoire que je voulais préparer pour lundi dernier, il ne sera fait ni pour lundi prochain ni même probablement jamais. Enfin, je suis libre le 1er mai et je compte donner congé pour le 8, ou avant, si l'Exposition est retardée : j'ai hâte d'aller prendre un peu de repos auprès de vous. Comme il faut prévenir quinze jours d'avance, je prie papa de m'écrire de suite ses intentions au sujet de son voyage à Paris. Je compte qu'il viendra dans les premiers jours de l'Exposition, afin que je ne prolonge pas mon séjour inutilement. Si l'autorisation pour le doctorat m'arrive, je la garderai dans ma poche pour m'en servir plus tard au besoin ; mais je ne veux pas prolonger pour cela mon séjour à Paris, qui serait très coûteux dans un pareil moment.

J'ai vu deux fois M. et Madame Cournot cette semaine.

---

(1) Le *Mémoire sur l'intégration des équations différentielles de la mécanique analytique* a été inséré dans les *Mémoires des savants étrangers* (t. XIV) et le *Journal de mathématiques* (t. XX) : voir les comptes rendus des séances de l'Académie des sciences, t. XL, 1855), et *Notice biographique sur Edmond Bour*, lue à la Société philomatique de Paris, le 15 décembre 1866, par M. le secrétaire de la Société. Paris, Gauthier-Villars, 1867, br. in-8°. — M. Clebsch, de Kœnigsberg (1833-1872) auteur de *Vorlesungen ueber Geometrie*, a fait des recherches relatives à la représentation d'une surface sur une autre.

Madame Cournot n'est pas très bien, elle ne cause presque pas, cependant les médecins de Paris ont été tous plus rassurants que ceux de Dijon. Chacun vous souhaite bien le bonjour.

Je vous embrasse de tout mon cœur.

Ed. Bour.

N° **71**.

24 avril 1855.

Cher papa,

Mon pauvre Félix n'a pas de chance : voilà qu'il faut maintenant vingt-quatre ans. Seulement, comme cela n'est encore qu'un décret et non une loi, on pourrait encore le faire passer avant l'âge : ce serait difficile, mais enfin voici comment. Il faut simplement que Félix fasse une nouvelle demande comme s'il n'avait jamais été question de rien, en mentionnant ses grades, indiquant qu'il a satisfait au recrutement, etc., sans dire qu'il a déjà fait une demande, et sans joindre de pièces, puisqu'on sait où les trouver. M. Perron la remettra lui-même. Il faut que j'aie cette demande cette semaine, car dimanche est probablement le dernier que je passe à Paris. Le 1er mai, j'aurai quitté l'École des Mines ; je ne sais ce que j'aurai vu de l'Exposition ; je suis fâché pour papa qu'il renonce à venir : pour moi, je serai heureusement bientôt près de vous.

Je viens de passer un assez mauvais examen, ce qui est assez naturel dans la situation de corps et surtout d'esprit où je me trouve : je vais travailler cette semaine pour en passer un deuxième aussi ou plus mauvais lundi prochain ; et après je m'occuperai de quelques courses et de paquets. Ici se dresse devant moi le plus effrayant fantôme que j'aie jamais vu de ma vie : je ne sais que faire de l'immense quantité de livres, de cartes, de verres, d'habits que je possède ; comment emballer mon uniforme, etc. ? Faut il amener cela à Gray pour le renvoyer ailleurs ? Faut-il laisser tout cela s'abîmer dans les greniers de l'hôtel ? Enfin, vous comprenez que j'aie rarement été plus ennuyé, sans compter que depuis plus de trois semaines, je me mets tous les matins en face de mon mémoire et que je m'y retrouve le soir sans avoir trempé ma plume dans l'encrier.

Quant à la place de professeur, celui de qui cela dépendait est mort subitement mercredi dernier, si bien que le ministre est aussi désorienté que moi.

Je vous embrasse de tout mon cœur.

Ed. Bour.

N° 72.   Paris, le 2 mai 1855.

Cher papa et chère maman,

Je suis enfin sorti de l'Ecole des Mines ; mais je ne sais si je pourrai aller à Gray de deux à trois mois. Vous comprenez comme cela m'ennuie ; je suis bien fatigué et j'aurais besoin de me reposer au sein de ma famille. Il faut d'abord que je reste pour faire imprimer un mémoire, puis pour voir différentes personnes. Le directeur de l'Ecole des Mines dit que je dors et qu'Haton se démène considérablement. Je suis souvent tenté de jeter le manche après la cognée et d'aller me reposer un peu près de vous : car je crois que toutes mes démarches seront inutiles ; mes mémoires n'avancent pas.

Ne pouvant me rendre dimanche chez M. Perron, j'avais prié Brugnon de remettre la demande de Félix : il paraît qu'il y a eu quelques modifications à faire. Brugnon, à qui je l'ai demandée, m'a dit qu'il l'avait renvoyée directement à Félix.

J'engage vivement papa à venir passer quelque temps à Paris avec M. Magnin (1) : je suis très libre maintenant ; je n'ai plus d'autres occupations fixes que le cours de M. Bertrand. C'est une occasion que papa ne retrouvera plus.

J'ai passé toute la semaine dernière dans un état de spleen effrayant ; enfin, celle-ci, je pense prendre quelques distractions, aller quelquefois au théâtre ; mais la plus grande cause d'ennui c'est de ne pouvoir savoir ce que je deviendrai. En attendant, je vous embrasse du meilleur de mon cœur.

Ed. Bour.

N° 73.   Paris, le 5 mai 1855.

Cher papa et chère maman,

J'ai travaillé cette semaine pour présenter lundi un deuxième mémoire à l'Académie : M. Liouville a paru mécontent que je n'aie pas encore préparé le premier pour l'impression ; aussi je vais me dépêcher de le terminer.

Je vous envoie par Lompré un exemplaire du rapport de M. Liouville, qu'il vous a réservé lui-même en me disant : « Tâchez d'avoir tous vos succès pendant que vos parents peuvent en jouir, car vous verrez que ce n'est plus la même chose quand ils n'y sont pas ». J'y joins un exemplaire du *Journal des Débats* que vous serez bien aise de conserver.

Samedi se décide mon sort ; il est probable que si je ne

----

(1) Négociant de Gray.

puis rester tout à fait à Paris, on me placera à Chartres avec l'autorisation de venir passer l'hiver à Paris.

Je vous embrasse à la hâte : ma lettre vous fait comprendre ce qui me presse.

Ed. Bour.

———

N° **74.**   Paris, le 14 mai 1855.

Cher papa et chère maman,

Ma dernière lettre était un peu écrite à la hâte, car M. Liouville m'avait dit qu'il était très pressé d'imprimer mon mémoire ; enfin, avec l'aide de Lefranc, qui nous a copié quelques pages, je l'ai terminé et remis à l'imprimeur ; mon deuxième est à l'Institut ; un troisième dans mon secrétaire, et un quatrième dans ma tête.

Quant à moi, j'espère moins que jamais revenir à Gray de quelque temps ; le Conseil a décidé hier qu'on ferait une démarche auprès du ministre en ma faveur. M. de Sénarmont m'a engagé à faire tirer mon mémoire à une centaine d'exemplaires, afin qu'il puisse en remettre aux savants ; il m'a annoncé en même temps qu'on allait m'accorder l'autorisation de passer le doctorat, et qu'ainsi il dépendait de moi, suivant la manière dont je passerais cet examen, d'influer beaucoup sur les décisions du ministre. Vous voyez qu'il faut me résigner à attendre encore et à passer l'examen.

Il me reste encore un billet de deux cents francs pour payer les frais de l'examen, qui se montent à cette somme ; mais j'aurais grand besoin d'une centaine de francs pour payer les frais d'impression. Ces frais se montent ordinairement à cinq, six cents francs, mais ils ont été réduits parce que mes travaux ont été admis dans un journal et que je n'ai à payer que le tirage.

J'ai vu l'autre jour M. Poignant, qui m'a introduit dans le palais de l'Exposition, où il n'y a pas encore grand'chose (1). Je regrette que papa ne vienne pas voir l'Exposition ; mais comme je le connais, je m'attends d'un moment à l'autre à le voir tomber comme une bombe au milieu de ma chambre ; je pense que dans ce cas, il faudrait attendre environ le 8 ou le 15 juin, car l'Exposition ne sera guère complète avant cette époque.

Bien des choses de ma part à Jean-Baptiste et à Lili (2) ; je regrette de ne m'être pas trouvé à Gray en même temps qu'eux.

Je vous embrasse de tout mon cœur.

Ed. Bour.

———

(1) M. Xavier Poignant, négociant à Gray, avait exposé une centaine de variétés de maïs.

(2) J.-B. Bour, teinturier à Dole, et son fils Louis, confiseur à La Havane.

N° **75.**   Paris, le 18 mai 1855.

Cher papa, chère maman,

Pour moi, je commence à reprendre un peu d'espoir à mesure que je (me) remets de mes fatigues. Cependant les huit derniers jours ont été bien ennuyeux ; je m'obstinais à vouloir sortir, croyant que le temps se remettrait, et il y a des jours comme dimanche et mercredi où j'ai sorti toute ma collection de pantalons. Cela m'a rappelé un certain dimanche dont maman et Félix doivent bien se souvenir, où nous avons passé tout l'après-midi à rouler d'omnibus en bureau et de bureau en omnibus.

Hier jeudi, jour de l'Ascension, comme l'année dernière, je m'habillais pour aller à Meudon faire une course géologique avec M. Élie de Beaumont, et je m'attendais pour compléter la ressemblance à voir arriver papa pour changer agréablement mes projets : il doit se rappeler cette circonstance. Malheureusement il n'en a rien été, et j'ai accompli ma course au milieu d'un temps assez incertain et avec deux à trois ondées. J'espère que cela aura été le dernier adieu de l'hiver, car aujourd'hui il fait un temps magnifique.

J'ai reçu la *Presse Grayloise* avec bien du plaisir ; je prie papa de remercier M. Lechartier pour moi.

Ma demande pour le doctorat est encore une fois perdue ; je suis encore à courir après : c'est quelque chose de fort assommant.

J'ai vu avec peine que papa s'abstenait complètement de toucher la corde de son voyage à Paris ; je crois que la dépense ne serait pas énorme : il pourrait coucher avec moi ; il n'y aurait que le voyage et la nourriture, et il sera peut-être fâché plus tard d'avoir manqué une aussi belle occasion.

Je m'attendais aussi à trouver quelques mots de remerciements pour M. Liouville, qui vous avait réservé exprès le seul exemplaire de son rapport qui existât, et qui vous témoignait toujours beaucoup d'intérêt.

J'aurais été très heureux de lui adresser quelques mots de votre part.

Je vous embrasse de tout mon cœur, toujours bien ennuyé de ne pas savoir quand je pourrai vous revoir.

Ed. Bour.

N° 76.   Paris, le 30 mai 1855.

Cher papa et chère maman,

J'ai attendu pour vous écrire de savoir pourquoi j'étais mandé au ministère : c'est pour me charger par ordre du prince Napoléon de finir les cours de l'Ecole des Mines dont les professeurs sont absorbés par l'Exposition (1). Cela me retient à Paris jusqu'au mois de septembre. Vous voyez que je suis placé là par une espèce de coup d'Etat, en dehors de toutes les règles, et comme cette position n'est pas définitive, je crains qu'elle ne me fasse plutôt du tort auprès du directeur et du conseil de l'Ecole, qui n'ont pas été consultés (pas plus que moi d'ailleurs). Vendredi donc, je commence un cours de charpente, et je suis très peu préparé. Je ne sais si l'on me donnera une indemnité quelconque : c'est une dépense de cinq à six cents francs dont on me grève ainsi subitement.

Ayant eu occasion de retrouver un de mes camarades des télégraphes, il m'a dit qu'on exigeait maintenant deux langues. Il faut que Félix apprenne l'allemand ; quand je serai là, je lui apprendrai l'anglais, que je parle comme le français ; je lui enverrai des livres à la première occasion.

Espérons que quand il saura ces deux langues, on exigera le chinois. Ce pauvre Félix a aussi ces obstacles de tout genre ; au moins il est tranquille au sein de sa famille, et peut attendre : pour moi, je m'effraie de passer l'été tout seul ; tous mes camarades seront partis, et je m'ennuierai bien.

Je vous embrasse de tout mon cœur.

                                              Ed. Bour.

N° 77.   5 juin 1855.

Cher papa,

Je viens de faire ma deuxième leçon. Je m'en suis tiré un peu mieux que de la première, ce qui n'est pas beaucoup dire. Cela me fait travailler bien plus que quand j'étais élève ; et je ne sais si tu ne te fais pas illusion : ces fonctions ne sont que provisoires et n'auront probablement d'autre résultat que de m'empêcher d'avoir cette année les longues vacances que je méditais.

Samedi dernier, j'ai été présenté comme candidat à la

---

(1) Le prince Napoléon dirigeait l'organisation de l'Exposition.

6

Société philomatique, en concurrence avec M. Bouquet (1), dont papa m'a raconté l'histoire, et M. Bresse, répétiteur à l'École (2). Je ne connais pas le résultat de l'élection et m'en inquiète peu, car je ne suis candidat que pour la forme : c'est probablement M. Bouquet qui l'emportera.

Hier, la Faculté des sciences de Paris a décidé que ma dispense me serait accordée : ce n'est pas encore le cas de dire *enfin !* car il faut la signature du ministre ; et j'espère qu'il faudra bien encore deux à trois mois pour cette formalité.

A partir de lundi prochain, j'aurai encore au moins trois semaines de cours et quelques jours de liberté, pendant que les élèves prépareront leurs examens. Au milieu de juillet, je commencerai un deuxième cours. Mes jours de repos coïncideront précisément avec le moment où l'Exposition sera complète, et probablement avec l'époque de mon examen ; j'espère que papa ne résistera pas à ces trois forces combinées et qu'il viendra admirer les merveilles des Deux-Mondes.

Je vous embrasse.

Ed. BOUR.

Nº **78.**   Samedi 16 juin 1855.

Cher papa,

Je t'écris deux mots à la hâte. J'ai reçu samedi dernier mon premier mémoire de l'imprimeur : j'en étais fort mécontent ; heureusement M. Liouville a eu la complaisance de le travailler énormément, en m'indiquant les suppressions à faire, les additions, etc., et en passant lui-même six heures à le corriger de sa main, pour le renvoyer à l'imprimerie. J'y ai travaillé toute la semaine, dans le temps que mes leçons m'ont laissé de libre, et je le reporte à l'instant à l'imprimeur : je ne reconnais plus mon enfant, mais il est bien changé à son avantage.

Je ne puis te parler du bal de l'Hôtel-de-Ville, car j'ai donné mon billet à M. de Coisy : cela m'a fait de la peine, mais sans cela le sacrifice n'aurait pas eu de mérite. Je suis de nouveau un peu fatigué. Heureusement, je ne reçois toujours pas l'autorisation de passer ma thèse : il ne me manquerait plus que cela.

M. Perron m'a dit qu'il n'avait toujours pas reçu de réponse pour Félix, mais qu'au moins il n'avait pas de refus positif.

---

(1) De Morteau : devint professeur de mathématiques à la Sorbonne et membre de l'Institut (1819-1885).
(2) Répétiteur de mécanique, etc. (1822-1883).

Malheureusement, il ne connaît pas le directeur en chef, et il est obligé de passer par tous les saints du Paradis.

J'ai vu madame Riche, qui vous fait ses compliments.

J'ai été refait l'autre jour en voyant que, malgré le travail et les dépenses qu'on m'impose, mon traitement était fixé à quatre-vingt-quinze francs par mois.

Je vous embrasse.

Ed. Bour.

N° **79**. Paris, le 28 juin 1855.

Cher papa,

Je t'écris quelques mots par M. de Coisy : et d'abord, la grande affaire, c'est que j'ai enfin dans ma poche la dispense du doctorat. Mon cours finit aujourd'hui, et je vais être un peu libre, et un peu embarrassé de ma liberté. Ce ne serait pas de même si papa était ici ; s'il avait l'intention de venir, il ne pourrait pas choisir un meilleur moment, car je suis libre tout le mois de juillet, et, à la fin, je recommence un deuxième cours. Cette liberté ne me permet cependant pas d'aller passer quelques jours à Gray, car j'ai trois examens à faire passer le 11, 16 et 25 et des dessins à corriger.

Je suis toujours excessivement embêté : on m'a dit qu'on voulait quelqu'un pour l'Algérie : j'ai écrit à mes camarades, mais je doute que l'un d'eux veuille y aller. Je suis bien déterminé pour ma part à n'y pas aller, ne fût-ce que pour raison de santé.

M. de Coisy te dira que nous avons passé hier ensemble une soirée très agréable pour moi, et je pense, un peu pour M. de Coisy ; il n'y manquait que papa.

Je vous embrasse bien de tout mon cœur.

Ed. Bour.

N° **80**. Lundi 2 juillet 1855 (1).

Cher papa,

Enfin ce que je craignais est arrivé : hier on a reçu à l'Ecole des Mines ma nomination pour l'Algérie. Je suis bien

---

(1) Le 4 juillet, Edmond Bour fut nommé ingénieur de troisième classe.

décidé à donner ma démission plutôt que d'aller m'enterrer là-bas : j'aimerais autant la Crimée, cela serait plus vite fini. M. de Sénarmont me dit qu'il ne voit rien à faire ; il voit la ruine prochaine du corps des Mines et m'engage à me précautionner au dehors.

Bien plus, au mois d'octobre, nous allons nous présenter tous les deux, moi le premier, Haton le deuxième ; lui pourvu d'une place à Paris ; moi sans place ; enfin moi avec mes mémoires et Haton avec les titres que je te dirai tout à l'heure ; et c'est lui qui sera nommé, d'après ce que m'a dit M. de Sénarmont, qui a vu plusieurs membres du Conseil.

Il me restait une espérance : j'avais été au bal chez M. Liouville le jour de la Saint Joseph (il s'appelle Joseph) ; tu vois qu'il n'y a pas longtemps ; je l'avais vu entouré de tout ce qu'il y a de distingué à Paris dans la science ; il venait de faire nommer l'un d'eux membre de l'Académie, et c'était précisément de celui-là que dépendait en partie la nomination à l'École. Je suis retourné hier au bal chez M. Liouville : mais il m'a dit que les temps étaient changés, et qu'il ne pouvait plus parler pour moi à un professeur de l'École (1).

La seule chose agréable que j'aie à te dire, c'est que M. Liouville, malgré le rapport flatteur que je t'ai envoyé et qui a paru au mois de mars, ne m'avait encore rien dit sur mon mémoire ; il me disait toujours qu'il ne le comprenait pas, et je m'attendais à être obligé d'un jour à l'autre d'en arrêter l'impression. Samedi dernier, comme je lui expliquais quelque chose, il m'a dit enfin qu'il le voyait, que c'était bien cela qu'il comprenait qu'on fît ; et il a même terminé en disant qu'il ne croyait pas qu'on pût aller au-delà, et que j'avais terminé ce sujet. Il a rédigé alors une nouvelle note, où il donne des explications sur le calcul, ce qu'il n'avait pas fait dans la précédente, et où il dit : « Les géomètres qui liront ce mémoire ratifieront, j'en suis assuré, tous mes éloges ».

Autre petite satisfaction d'amour-propre. Haton est aussi allé trouver M. Liouville en lui apportant des mémoires. M. Liouville l'a très bien reçu, l'a beaucoup encouragé à travailler ; mais il lui a dit que ces mémoires avaient rapport à une chose connue depuis Euler (2).

Je ne devrais pas me réjouir, car c'est une chose qui aurait pu m'arriver, et qui m'arrivera sans doute plus d'une fois ; mais enfin c'est la seule satisfaction que j'aie ressentie.

J'ai oublié de te dire que la même décision qui m'envoie en Algérie nomme quelqu'un à la place de professeur de mécanique pour laquelle j'étais présenté.

---

(1) M. Joseph Liouville avait été député républicain.
(2) Illustre savant du XVIIIe siècle.

Enfin, samedi matin, mes thèses ont été présentées à la Faculté, et j'espère pouvoir passer cette année.

Je vous embrasse de tout mon cœur.

ED. BOUR.

Ancien ingénieur des Mines.

N° **81.** 6 juillet 1855.

Cher papa,

Je ne t'ai pas répondu plus tôt parce que je voulais te donner des nouvelles quelconques. Je commence par te dire combien l'annonce de ta venue prochaine m'a fait de plaisir, d'autant plus que je ne dois pas compter sur des vacances cette année. J'ai vu le directeur de l'Ecole qui m'a dit : « M. Leséure ne veut pas de l'Afrique : je ne sais comment cela s'arrangera ; mais si j'étais jeune, je serais déjà parti ». Ainsi, rien à faire, et je suis bien décidé à ne voir personne à ce sujet.

Je t'écris à la hâte : depuis hier j'ai autre chose en train ; c'est quelque chose qui dépasserait mes plus hautes espérances ; hier j'ai tenu la plume pour t'écrire que tout était perdu ; mais j'ai appris que dans la réunion préparatoire on m'avait mis sur les rangs, sans que je me fusse présenté ; et je me suis empressé d'adresser une demande officielle. Cette fois, je suis le premier candidat ; je n'en ai parlé à personne, mais je cours toute la journée pour voir les membres de la Commission chargée des présentations. Seulement on prévoit que j'aurai un concurrent très redoutable, âgé et qui a déjà échoué dans plusieurs candidatures.

J'ai vu M. Grillier (1), mais non M. Pichard (2), à qui j'ai remis ma carte. Je t'écris avant de m'occuper de M. Boussey. Je (ne) suis pas compétent ; mais Alfred Riche me donnera tous les renseignements désirables ; lui aussi est occupé aujourd'hui. Demain, je m'en occuperai.

Adieu, cher papa, fais des vœux pour la réussite de mon projet, dont tu me permettras de reculer la confidence, vu le peu d'espoir que j'ai de réussir. Comme je serais enchanté d'envoyer promener tous ces bureaucrates imbéciles qui régissent le corps des Mines !

Je suis bien fâché que M. le curé Four ait écrit au cardinal (3) ; je le remercie beaucoup de son obligeance ; mais je ne

---

(1) Fabricant d'horlogerie à Besançon.
(2) Ancien maire d'Auxonne, auteur de quelques poésies.
(3) Le cardinal Mathieu, archevêque de Besançon, sénateur de droit.

veux à aucun prix me donner l'air d'intriguer quand j'ai la
justice pour moi et une décision de tout le Conseil des Mines.
Je suis seulement tout à fait vexé d'avoir à choisir entre une
malhonnêteté et une indélicatesse ; je tâcherai de tout concilier
en allant remettre ma carte chez Monseigneur demain ou plutôt dimanche afin de ne pas le trouver. Tu aurais bien dû me
prévenir avant de faire écrire.

Je t'embrasse de tout mon cœur et je travaille avec courage
en t'attendant afin d'être tout à toi.

ED. BOUR (1).

N° **82.** PARIS, le 9 juillet 1859.

Cher papa,

Je suis bien loin de t'accuser et je comprends parfaitement
que c'est ton cœur qui t'a fait agir. Seulement tu comprendras
aussi combien il me répugne d'avoir l'air de mendier des pro-
tections.

Je sais aussi beaucoup de gré à M. de Coisy d'avoir parlé
de moi à M. Revon (2). Je ne veux pas réfuter les raisons qu'il
me donne ; mais ne crois pas que je me sois décidé sans consulter personne. Mais MM. Bertrand, de Sénarmont, Liouville, ont
été unanimes pour me conseiller de rester. Le directeur de
l'Ecole des Mines a seul été d'un avis contraire.

D'un autre côté, M. Barbet, que sa longue carrière de chef
d'institution a mis en rapport avec beaucoup de savants qu'il a
eus pour élèves ou pour professeurs, a fait beaucoup de démarches pour moi, et il m'a dit qu'il me voyait maintenant tout à
fait posé. Je vais être présenté en seconde ligne au choix du
ministre pour la place dont je t'ai parlé ; et je n'ai échoué que
parce que j'ai eu un nouveau concurrent qui est un savant de
premier ordre. Par conséquent, je ne puis manquer d'être
bientôt casé, et ce serait une folie de quitter Paris en ce
moment, pour aller m'enterrer et me faire oublier en Afrique.
S'il vous faut attendre quelque temps, a ajouté M. Barbet, il y
aura toujours de l'ouvrage pour vous dans mon institution, bien
que je vous conseille (et en cela il s'accordait avec mes intentions) de ne pas donner beaucoup de ces leçons particulières et
de consacrer votre temps au travail.

---

(1) Edmond Bour sortit de l'Ecole des Mines le 4 juillet 1855, avec le grade
d'ingénieur de troisième classe. (Dr CHARBONNET : *Annales franç-comtoises*, 31
mai 1866).

(2) Alexandre Revon, maire de Gray.

Mais laissons ce sujet de côté et venons à ton voyage. Si c'est aujourd'hui ton grand jour ; tu as le temps de jeter un mot à la poste et mercredi je t'attends à une heure et demie ; si, au contraire, c'était mardi prochain, à mercredi prochain. J'aurai le mois d'août très occupé et je ne compte pas du tout sur des vacances. Ton voyage me sera une occasion de voir l'Exposition, que j'ai très peu vue ; j'ai surtout visité les Beaux-Arts.

Adieu, cher papa, à bientôt : j'attendrai mercredi avec impatience la lettre qui décidera de ton arrivée. Je serai fâché de ne pouvoir te présenter à M. Liouville, qui m'a pris en affection toute particulière, et qui est à la campagne pour cinq mois.

J'ai vu Alfred Riche et je lui ai demandé si le projet de M. Boussey ne serait pas contraire aux droits de M. Deville (1). Il m'a dit qu'au contraire il serait enchanté de voir des personnes s'en occuper. Mais il serait indispensable, car la chose en vaut bien la peine, de venir à Paris voir fonctionner les appareils et se mettre au courant de tous ces petits détails qui sont de la plus haute importance en industrie. A mon avis, messieurs Boussey et d'Arbaumont devraient commencer par écrire à M. Deville et lui annoncer leur intention de venir à Paris et d'étudier sérieusement la question au point de vue industriel.

C'est la marche la plus droite et la plus sûre, car M. Deville n'est point jaloux de son invention et publie tous ses procédés (2).

Je t'embrasse de tout mon cœur.

Ed. Bour (3).

N° **83**.   Paris, le 6 août 1855.

.... J'ai tardé à vous répondre pour vous apprendre la nomination d'Haton comme répétiteur de mécanique : cela brise mes dernières espérances : je ne vois plus absolument rien qui puisse me convenir....

N° **84**.   Avon, le 25 octobre 1855.

Cher papa et chère maman,

Je vous écris mes premières impressions, qui sont on ne peut plus défavorables : je ne sais si je me ferai par la suite à

---

(1) Henri Sainte-Claire-Deville.

(2) Il s'agissait de la découverte du procédé pour la fabrication de l'aluminium.

(3) Le 4 juillet 1855, Edmond Bour fut promu au grade d'ingénieur de troisième classe.

ma nouvelle position. Je vais procéder par ordre chronologique.

J'ai dîné à Dijon avec Madame Cournot, que j'ai trouvée mieux portante ; seulement les yeux de M. Cournot deviennent de plus en plus mauvais. Je n'ai rien dormi de crainte de n'être pas réveillé le lendemain ; aussi suis-je arrivé à Fontainebleau tout à fait moulu. Là, j'ai trouvé l'abbé Cavalier qui m'attendait et m'a conduit à la maison. Il y a une bonne demie-lieue de chemin, à travers champs pour une bonne partie, et pas d'omnibus, car si je les prenais, je me trouverais un peu plus éloigné du collège qu'à la station même. La maison est en face l'église où gît Monaldeschi, et le mur du jardin est contigu au parc. Il y aurait de quoi faire un beau jardin, car le terrain est à trois étages différents ; et il y a plusieurs pièces d'eau dont une magnifique, mais tout cela est mal entretenu, sauf un grand potager qui m'a fait frémir en pensant à vendredi. Le personnel de l'établissement se compose du supérieur, de sa mère, de quatre-vingts élèves, deux tonquins (1) et une immense quantité de canards et de dindons qui peuplent la partie basse du jardin. Ma cellule est meublée d'un lit, une balonge, une mauvaise petite table de bois, assez sale, que j'ai couverte d'une serviette pour oser poser un bras dessus ; enfin une armoire et un placard où se trouvent des onguents, des boîtes de remèdes, etc. ; en un mot, tellement sale que j'ai dû renoncer à m'en servir. La pièce la plus précieuse de l'ameublement est un fer de lit supplémentaire qui me sert de tout: c'est là que je mets mon linge et mes habits recouverts de mon manteau. Il y a aussi une cheminée, et l'on m'a déjà offert plusieurs fois du feu ; mais tu sais que cela n'est pas mon fort. Je suis éclairé par une lampe du plus fort calibre, qui me fatiguait beaucoup par sa lumière et sa chaleur. Je fais ce soir l'essai d'un nouveau système d'abat-jour que j'enverrai à l'Exposition à côté du brûle-café de maman.

Toute la maison est fort salement tenue ; il n'y a que les femmes pour tout tenir en ordre proprement ; et parmi les hommes je crois que les moines ne sont pas ceux qui se piquent le plus de propreté. Quant au dîner, c'est l'ordinaire des élèves ; c'est-à-dire avant-hier, bouilli et salade ; hier bouilli seul, car la salade était remplacée par des choux-fleurs. Le matin, du lait avec une trace de café, comme disent les chimistes.

Mardi soir, après le dîner de cinq heures et demie, quand je me suis trouvé seul dans ma cellule, vous ne sauriez croire quelle tristesse accablante m'a pris : je pensais à nos réunions de famille, à papa, à maman, à Anna, etc. ; si encore j'avais un directeur laïque ! mais ici point d'intérieur, aucune société. Aussi à huit heures moins le quart j'étais dans mon lit, où du

---

(1) Porcs.

moins je dormis paisiblement jusqu'à l'*Angelus* de cinq heures du matin. J'ai passé la matinée du mercredi à faire nettoyer le cabinet de physique, qui du moins sera tenu propre tant que j'en serai chargé ; et j'ai éprouvé en sortant à midi, malgré un temps sombre et pluvieux, la même sensation que si je sortais d'une prison. J'ai été prendre une demie-tasse à Fontainebleau et visiter le parc, etc.

Je ne voudrais pas voir Félix ici en peinture : j'aimerais mieux le voir au bagne, où du moins il aurait de la société : je n'ai pas dit deux paroles depuis deux jours.

Je me repens bien d'avoir accepté, car il faudra venir coucher le soir, ce qui sera très fatigant et ennuyeux : quand je pense qu'à Paris j'avais quatre-vingts francs pour quatre heures par semaine, cela valait bien deux cents francs avec tout cet ennui.

J'arrive au cours que je dois faire : il se composera de quatre leçons par semaine : 1° mathématiques élémentaires ; 2° physique ; 3° cosmographie et mécanique ; 4° chimie. Ce seront des espèces de cours publics pour lesquels, à ce que m'a dit le supérieur, il y a déjà des dames inscrites. Je crois qu'il y a là sinon beaucoup, au moins un peu de charlatanisme.

La maison est toute en réparations : aussi fait-on des cours à la cuisine, au réfectoire, à la salle de récréations, à la cave, etc. On n'a respecté que les lieux. A propos de latrines, c'est la partie la plus pittoresque de l'établissement. On traverse la première pièce d'eau, le potager. la basse-cour ; on longe la deuxième pièce d'eau sur un chemin qui n'a pas un pied de large et qui est enduit d'une boue grasse où patrouillent les canards ; on se glisse dans une petite allée couverte de verdure ; on tourne à angle droit et l'on rencontre un petit ruisseau qui coule également sous un dôme de feuillage. Un pont rustique réunit les deux rives, et c'est là que, le derrière au vent, l'oreille mollement bercée par le bruit d'une cascade voisine, les dignitaires de l'établissement satisfont aux besoins de la nature : les élèves (1) comme le commun des martyrs près de la salle d'études, comme cela se conçoit.

Je compte aller à Paris à la fin de la semaine. J'espère que vous m'enverrez une longue lettre pour charmer les ennuis de ma solitude. Adressez la ainsi que celles qui pourraient survenir pour moi à M. Edmond Bour, professeur au collège d'Avon près Fontainebleau.

Je crois donc, comme conséquence de ma lettre. que mon pauvre Félix doit encore une fois abandonner l'espoir de se caser là, et attendre le moment où, ma position étant bien établie et ma besogne plus considérable, il pourra venir parta-

---

(1) Ici, un mot tout cru, à la Cambronne.

ger ma chambre et trouver au moins un visage ami et des soins fraternels.

Quant à moi, j'essaierai d'aller aussi longtemps que je pourrai ; mais je doute que j'y reste encore l'année prochaine.

Adieu cher papa et chère maman,

Le pauvre reclus qui vous aime bien et vous regrette de tout son cœur.

ED. BOUR.

N° **85.**   PARIS, le 30 octobre 1855.

Cher papa,

J'ai été horriblement vexé de me voir ainsi surpris et obligé de quitter la capitale au moment où l'on m'offrait en outre une place de répétiteur à l'Ecole polytechnique (1). J'écris à mon ingénieur en chef pour demander un congé de 15 jours : après cela nous verrons.

---

(1) La place fut donnée à Haton : quant à Edmond Bour il venait d'être nommé professeur à l'Ecole des mineurs de Saint-Etienne, le 25 octobre. Il était chargé des cours de mécanique, de construction, de préparation mécanique des minerais, de mathématique et de physique.

M. Bertrand lui avait écrit, au sujet d'une place de répétiteur adjoint d'analyse à l'Ecole polytechnique : « Je ne vous conseille pas des démarches qui sont toujours désagréables quand il s'agit d'une place occupée par d'autres ; mais une simple déclaration que vous accepterez volontiers si le Conseil vous nomme spontanément, et qui me permette d'affirmer que si la place était vacante vous la demanderiez ».

Le 19 novembre 1855, M. Félix Bour écrivit à son frère qu'il avait vu M. Bertrand. « Tu sais... qu'il y a deux conseils pour la présentation des répétiteurs à l'Ecole polytechnique : le conseil d'instruction, dont M. Bertrand fait partie, et dans lequel il t'a fait présenter à l'unanimité ; le conseil de perfectionnement, dont M. Leverrier est président, Là, malgré toutes les protestations qu'il avait faites à M. Bertrand, malgré sa promesse de ne pas s'opposer à ta candidature, il a dit qu'il ne pensait pas que tu remplirais convenablement cette place, t'étant exclusivement occupé de théorie, que tu n'en comprendrais pas le but principal ; enfin il s'est tellement opposé à ton succès qu'il a fait nommer M. Tissot, qui remplissait depuis six mois le cours de géodésie. Mais il paraît que M. Leverrier avait un peu honte de sa conduite, car il a écrit à M. Bertrand une lettre d'explication des faits ou plutôt de justification ; du reste je te l'envoie... »

M. Leverrier écrit toutefois : « J'ai fait tous mes efforts pour faire présenter M. Bour en géométrie descriptive. On m'a opposé une lettre de M. Bour en date du 6 octobre, dans laquelle il déclare qu'il ne veut pas de la fonction de répétiteur adjoint. J'ai tenu bon, m'appuyant sur l'intérêt de l'Ecole de s'associer des hommes d'un mérite reconnu, et demandé l'ajournement dans le but d'arranger quelque chose avec le ministre des travaux publics pour M. Bour. Mais j'ai été battu sur cet ajournement... »

Il avait proposé Edmond Bour pour une place de professeur à la Faculté des sciences de Lyon. (V. n° 64).

M. Leverrier, brouillé avec tout le monde ou peu s'en faut « a, écrit M. Bertrand, la manie de protéger et ne rencontre habituellement que des gens qu'il déteste : c'est ainsi que choisissant entre deux antipathies il m'a fait arriver à l'Ecole polytechnique ».

J'avais fait à Avon seulement deux leçons d'arithmétique : le supérieur, les professeurs et les élèves en étaient très contents. Mon départ les met tous dans le plus grand embarras : on l'a caché à tout le monde et je ne sais comment ils me remplaceront. Le supérieur paraît tenir beaucoup au physique. Je lui convenais beaucoup sous ce rapport (à cause de la barbe) ; il m'aurait seulement désiré un peu plus grand ; aussi m'avait-il fait préparer un petit piédestal, et tout était pour le mieux.

Vendredi j'ai déjeûné avec un œuf et diné avec deux pommes de terre ; samedi, j'ai été agréablement surpris en voyant qu'on faisait gras : on m'a dit que l'on avait pris cette habitude au choléra et qu'on n'avait pas cessé depuis. Je pense que maman, voyant que les curés eux-mêmes font gras, sera moins scrupuleuse pour en donner à ses enfants.

Je regrette peu la position d'Avon, qui aurait été très pénible de toutes les manières ; d'un autre côté cela m'aurait donné de l'habitude des expériences de la parole ; j'avais déjà préparé un discours d'ouverture pour le cours public.

Me voici maintenant à Paris depuis un jour, que j'ai bien mis à profit : car j'ai eu la chance de rencontrer tout le monde : dois-je en rendre grâce au mauvais temps ?

Je m'occupe de l'impression de mes thèses ; et je termine le mémoire que je faisais à Gray et que M. Bertrand m'a demandé pour en parler dans son cours. J'habite une chambre où l'on ne voit pas clair à midi : mais j'ai l'espoir d'en avoir plus tard une meilleure. Ecrivez-moi toujours 51, rue d'Enfer.

Ed. Bour.

Paris le 4 novembre 1855.

Nº 86.

Je ne sais pourquoi vous me répétez si souvent de ne rien laisser à Paris : je suis bien décidé à n'y rien laisser du tout que le vieux papier et les vieilles plumes de fer ; à moins qu'on ne me trouve des pratiques pour m'acheter mon vieux papier comme serviettes à cinq francs le cent.

Je vois que Félix n'a pas fait de grands progrès en anglais, puisqu'il n'y en a qu'un seul mot dans sa lettre. Voici ce que m'écrit le Directeur de Saint Etienne :

— « Votre première leçon n'aura lieu que le jeudi 6 décembre. Vous pouvez donc rester à Paris une quinzaine pour votre thèse. Mais alors ne tardez pas jusqu'au dernier jour, car il vous faudra quelques jours pour vous organiser et prendre connaissance des cours que vous avez à professer. » (Compte là-dessus !) « Vous trouverez un logement à l'Ecole, fraichement restauré, mais sans meubles ».

Voilà donc encore là-bas l'ennui d'acheter des meubles, peut-être pour un an : écrivez-moi ce qu'il faut faire ; dans tous les cas je compte sur maman pour certaines choses telles que draps, serviettes, etc. Je compte aussi sur elle pour une pendule qu'elle choisira à son goût, pourvu que ce ne soit pas un sujet religieux ; j'attends avec impatience quelques conseils sur ma position.

Toujours point d'épreuves,

Ed. Bour.

N° **87.** Paris, le 12 novembre 1855.

Cher papa et chère maman,

J'ai été bien aise d'avoir de vos nouvelles par Stanis (1) et je vous remercie de ce que vous m'avez envoyé. Vous n'avez pas compris ma lettre, puisque vous me conseillez de me rendre à Saint-Etienne quelques jours d'avance : c'est fort commode à dire, mais je crains bien que mes thèses ne soient pas encore terminées pour ce moment-là et que je ne sois forcé de me mettre en retard ; le directeur se fâchera tout rouge, il aura raison et moi je n'aurai pas tort.

En quittant Avon, j'ai promis au supérieur de m'occuper de lui trouver quelqu'un : cela m'a introduit un peu, très peu, dans ce monde des curés, des dévotes, etc. : sachant qu'il n'y a rien de tel pour parvenir que d'être dans la manche de ces sortes de personnes, j'ai songé à en profiter, non pour moi, mais pour Félix, afin de le caser comme précepteur dans une maison particulière ; j'ai déjà manqué une affaire, en ce moment j'en poursuis une deuxième ; mais j'ai pensé qu'il serait bon de demander à Félix ses instructions à ce sujet : 1° Cette position lui plairait-elle ? 2° Quel est son prix minimum ? 3° Consentirait-il à aller n'importe où ? Ce matin même, sans attendre sa réponse, je vais poursuivre les négociations pour l'affaire que j'ai en vue ; seulement je n'engagerai pas ma parole, mais je m'informerai d'une manière positive si la place est encore vacante et si Félix conviendrait. J'attends une réponse le plus tôt possible. Il s'agit pour cette fois d'un gamin de onze ans, de quinze cents francs de traitement, outre bien entendu le logement, la nourriture, le chauffage, le blanchissage, etc. ; seulement il faudrait aller aux environs de Périgueux : c'est bien loin ! D'ailleurs, si cette place ne convient pas à Félix, qu'il me fasse, comme je lui ai dit, ses conditions, et je verrai si je puis l'arranger.

------

(1) M. Stanislas Brugnon.

J'ai reçu et corrigé la première épreuve ; je ne sais combien cela durera ; je rappelle à Félix qu'il n'oublie pas de s'amuser dans ses moments perdus à apprendre à nettoyer les fossiles. A propos, depuis que je vous écris, j'oublie de vous dire que Monthier (1) réclame les siens. J'oubliais aussi de demander à maman comment je m'arrangerai pour les couvertures, les matelas, etc. : il me semble difficile de louer des matelas ; quant aux couvertures, maman pourrait, je crois, m'en faire faire.

Adieu : je compte sur elle pour penser à tout ce que j'oublie encore ; j'attends avec impatience la réponse de Félix.

Ed. Bour.

Paris, le 27 novembre 1855.

No **88.**

Cher papa,

Je n'ai pas voulu tarder davantage à t'écrire pour te dire combien j'ai demandé à la Providence de fêter encore bien des fois l'anniversaire de ta naissance, et combien je l'ai en même temps priée de me donner les moyens de te rendre la vieillesse la plus heureuse que possible en t'aidant de mon côté autant que je le pourrai à élever mes frères et ma sœur.

Je croyais avoir dimanche une réponse positive pour Félix, et me voilà renvoyé aux calendes grecques ; j'ai très mauvaise opinion de tous ces retards, et une fois que je serai parti, je ne sais ce qui arrivera. On a demandé du temps, on veut prendre des renseignements sur la famille ; il me semble que le meilleur et le premier serait de me voir, de causer avec moi, afin de savoir à qui s'adresser, car on ne sait même pas encore de quel pays nous sommes : cependant on ne veut pas que j'y aille de suite ; je crois qu'ils ont une autre personne en vue. On dit qu'un retard serait très funeste ; ainsi, que Félix se tienne prêt à partir du jour au lendemain à tout événement.

Enfin c'est lundi trois que je comparaîtrai devant mes juges ; à moins que quelque maladie. mort subite ou autre accident ne viennent frapper un de ces individus nécessaires, la victime et les trois bourreaux.

La victime n'est pas très épouvantée ; seulement il sera fort ennuyeux pour moi d'avoir un mémoire aussi mal imprimé, car le temps m'a manqué pour la correction des épreuves et j'ai laissé un grand nombre de fautes d'impression. Je regrette bien vivement de ne pouvoir m'arrêter à Gray ou tout au moins à Dijon ; j'avais également promis à Estaunié de m'arrêter quel-

---

(1) Ingénieur civil des Mines.

ques heures à Châlons pour lui serrer la main et lui apporter des livres qu'il m'avait demandés ; mais même en partant le soir même de Paris, je ne serai à Saint-Etienne que le quatre ou le cinq, c'est-à-dire la veille du jour où je dois commencer le cours.

A moins que je ne sois coupé en cinq ou six morceaux, car le chemin de Lyon à Saint-Etienne est tout en réparation, et il y arrive communément un accident tous les deux ou trois jours !. J'avais eu un instant l'intention de passer par Orléans, chemin qui est bien plus direct, mais il paraît que je trouverais encore un chemin de fer dans le même cas. J'ai même lu dans les journaux d'aujourd'hui qu'on allait installer de Lyon à Saint-Etienne un service de diligences *pour le service de la poste :* c'est curieux.

Envoyez-moi à Saint-Etienne le plus tôt possible mes draps, linge, etc. : quand je dis le plus tôt possible, c'est-à-dire pour le cinq ou le six, afin que mon installation ne souffre pas de retards. Informez-vous au roulage du temps nécessaire. Je vous enverrai de mon côté la petite malle avec je ne sais quoi dedans. Je compte aller trouver Garnier-Chirol pour me procurer une caisse et je pense qu'il me trouvera un emballeur pour m'aider à emballer mes verres. J'envoie mes effets par le chemin de fer d'Orléans, afin de ne pas mettre, comme l'on dit, tous mes œufs dans le même panier.

Je joindrai à la caisse que je vous enverrai quelques exemplaires de ma thèse, dont un bien entendu pour M. Cournot.

30 novembre

Au moment où j'allais mettre à la poste cette lettre déjà ancienne, des difficultés de toute espèce sont survenues : elles ont enfin eu une heureuse solution, ainsi :

Lundi à onze heures : (1)

Je ne vous en dis pas davantage : je cours au *Moniteur* et au *Journal de l'Instruction Publique.*

J'ai envoyé un exemplaire par la poste à M. Cournot, mais comme cela coûte trente-cinq centimes, j'attendrai une occasion pour en envoyer à Gray et à Auxonne (2).

Ed. Bour.

(1) Le cinq décembre : jour de la soutenance d'une thèse sur le problème des trois corps « qui avait occupé les plus grands géomètres » dit M. de Chardonnet. La deuxième thèse traite de l'attraction d'un anneau elliptique.

(2) Le *Mémoire sur le problème des trois corps,* et le *Mémoire sur l'attraction d'un anneau elliptique* ont été insérés dans le *Journal de mathématiques :* voir aussi les comptes rendus des séances de l'Académie des sciences, année 1855, tome XL.

« Le travail se résumait en ce théorème remarquable :

Pour intégrer le problème des trois corps dans le cas le plus général, il suffit de résoudre le cas où le mouvement a lieu dans un plan, et d'avoir ensuite égard à une fonction perturbatrice égale au produit d'une constante dépendant

N° **89.**   .... décembre 1855.

    Cher papa et chère maman,

    Je profite du premier moment où je peux un peu respirer,
pour vous écrire. J'ai passé tous ces jours-ci et une partie des
nuits à la correction de mes épreuves, et malgré cela il est bien
probable que je serai en retard. Je ne sais comment m'en tirer
avec mon ingénieur en chef : je lui demande quinze jours, il
me renvoie cinq semaines, et je serai encore en retard ; deux
autres élèves sortis la même année que moi de l'École polytechnique viennent d'y entrer comme répétiteurs.
    L'affaire dont j'avais parlé à Félix n'a pas réussi ; il s'en
présente une autre : ce serait pour Nevers avec douze cents
francs ; il faut que ce pauvre Félix s'attende comme moi à voir
toutes ses entreprises échouer ; enfin je lui écrirai à ce sujet.
    J'ai été bien aise de recevoir sa lettre en anglais ; il n'y
avait pas beaucoup de fautes, j'espère qu'il continuera.
    Je deviens de jour en jour de plus en plus triste : plus le
moment approche de m'en aller, et sans grand espoir de revenir ; enfin je vous embrasse tous de tout mon cœur.

                                             ED. BOUR.

N° **90.**   5 décembre 1855.

    Cher papa,

    Tu comprends que je ne voulais pas manquer de t'annon-
cer ma réception. Le succès a dépassé ce que je pouvais espérer ; je ne puis te transmettre les compliments que m'ont faits
les professeurs ; une seule chose m'a manqué : j'aurais voulu te
voir là comme le jour de l'Académie pleurer de joie comme je
le fais en t'écrivant. Embrasse bien pour moi maman, mes frères, ma sœur, tous nos amis et connaissances. Réponds-moi à
l'École de Saint-Étienne ; je ne sais si je pourrai partir ce soir ;
j'ai encore bien des courses à faire et j'ai besoin de repos ; tu
comprendras facilement que je n'ai guère dormi les nuits dernières et surtout hier. Enfin, je t'embrasse de tout mon cœur,
et j'attends à mon arrivée à mon poste une lettre de toi.

                                             ED. BOUR.

---

des aires par la somme des moments d'inertie des corps autour d'un certain
axe, divisé par le carré du triangle formé par les trois corps.
    La seconde thèse consistait en une étude sur l'attraction qu'exercerait une
planète, si l'on supposait sa masse répartie sur chaque élément de son orbite,
proportionnellement au temps employé à la parcourir ». (Notice publiée par la
Société philomatique).

N° **91.**   5 décembre 1855.

. Cher papa,

Deux mots encore à la hâte.

Immédiatement après mon examen, mes juges se sont rendus à l'Académie et m'ont proposé pour être *membre correspondant de l'Institut.*

J'ai offert les minerais à l'Ecole des Mines : mais dis à M. Perron qu'il faut qu'il écrive officiellement deux mots à M. Lepley le plus vite possible.

Adieu encore, et décidément à ce soir mon départ.

Ed. Bour.

P. S. — Mes effets ne devant m'arriver que très tard, tu me ferais plaisir d'envoyer le plus tôt possible mon acte de naissance à M. Régnier à la Sorbonne (Paris).

———

N° **92.**   Saint Étienne, le 6 décembre 1855.

Cher papa,

Je reçois à l'instant ta lettre et m'empresse d'y répondre. Je commence par te dire que je suis arrivé non pas sans accidents, mais sans accidents graves. Le train de nuit qui m'a conduit de Paris à Lyon marchait à grand' peine à cause du verglas, et à chaque instant je craignais qu'un train de marchandises n'essayât de prendre sa revanche de Moret. J'arrive donc à Lyon avec deux à trois heures de retard, je monte en omnibus et là, le même fait se reproduit : les chevaux, que je chargeais pour ma part de mes soixante kilos de bagages, refusent d'avancer, et j'ai vu le moment où l'on allait tirer au sort lequel des voyageurs se jetterait à l'eau pour alléger la voiture ; enfin, le plus gros se dévoue ; nous repartons et j'arrive au chemin de Saint-Etienne une heure après le départ. Je traverse la place Bellecour (que je n'ai pas beaucoup admirée), pour aller voir mon ami Perret ; je ne le quitte que pour monter en wagon ; je n'ai absolument rien vu de Lyon que ce clocher qui domine la ville (Fourvières, je crois), que j'ai vu d'en bas, et qui produit un très bel effet. Le voyage de Lyon à Saint-Etienne est extrèmement dangereux ; aussi prend-on de grandes précautions ; cependant, on écrase bien un à deux ouvriers de temps en temps. Il faut se figurer que ce chemin est en construction : ainsi toutes les voûtes des tunnels sont suspendues sur des bois qui obstruent la voie ou ne laissent que juste de quoi passer ; enfin, à une certaine distance le chemin ne va plus que pour les bagages à cause des éboulements qui se sont produits ; on prend alors les voitures, qui vous amènent à Saint-Etienne.

Pour se faire une idée de la ville, il faut se figurer cent fois pis qu'Arc ; je n'ai jamais pu savoir si c'est pavé : j'enfonce très souvent jusqu'aux genoux dans des flaques de boue noire.

Cependant une fois la fatigue de la route passée (vingt-trois heures de voiture, en express), la première impression a été très bonne : j'ai trouvé de bons camarades qui m'ont parfaitement accueilli ; et puis un logement splendide, dont je vous donnerai la description détaillée dans ma prochaine lettre.

Quant aux meubles, il sera bien difficile et bien cher d'en louer : un de mes amis, Draguet, directeur du télégraphe, n'a presque rien pour trente francs par mois. Pour un an, c'est trois cent soixante francs, et voici ce que j'ai envie de faire, si toutefois vous n'y voyez pas d'inconvénient. Dubois, mon prédécesseur, a cédé ses meubles à Rocart ; lequel Rocart, s'en allant, sera enchanté de me les repasser ; ces meubles, ayant déjà passé dans deux mains, ne seront pas bien chers, et je ne perdrai pas trois cent soixante francs dessus en les revendant à mon successeur.

En ce moment, j'ai quarante francs dans ma poche ; des dettes chez mon imprimeur, qui n'a pas pu me dire encore ce que je lui devais ; je vais toucher environ trois cent cinquante francs pour novembre et la route ; et voilà mon budget pour le moment. Je suis descendu à l'hôtel, mais je n'y suis resté qu'un jour ; le directeur m'a offert une chambre en attendant que je puisse m'installer chez moi.

Le personnel se compose du directeur, deux professeurs, leurs trois femmes et moi ; les six premières personnes sont protestantes.

Je suis en pension avec Draguet dont je vous ai parlé, cinq capitaines d'artillerie, un du génie, le capitaine Maillet, qui arrive de Vesoul.

J'ai oublié de demander à maman si elle avait des rideaux pour les fenêtres ; maintenant il est trop tard.

Tu n'as pas compris ce que je t'ai dit pour la place de membre correspondant ; il s'agit d'une présentation et non d'une nomination. C'est dans la section de géométrie, qui n'a que deux correspondants en France : c'est donc un poste fort honorable, auquel l'on n'arrive pas à mon âge. La Commission chargée d'examiner les titres des candidats fait son rapport à l'Académie ; elle conclut en présentant en première ligne celui qui doit être nommé : j'ai été présenté en troisième ou quatrième à titre d'encouragement.

7

J'ai trouvé un professeur qui m'a remplacé hier et aujour-
d'hui : à demain ma première leçon ; et je finis ma lettre pour
la travailler.

Ne me mets plus docteur ès-sciences sur l'adresse.

Je vous embrasse bien tous.

ED. BOUR.

P. S. — J'oubliais de dire à maman que j'avais eu bien
chaud aux pieds pendant mes vingt-trois heures de voyage.
J'ai pensé le soir que les excellents bas de laine que j'ôtais
n'avaient peut-être pas été pour rien dans ce résultat. Je remercie donc bien la bonne mère qui les a tricotés, et je l'embrasse
encore une fois.

ED. BOUR.

N° **93**.   CHANTEGRILLET, le 12 décembre 1855.

Cher papa,

J'ai été bien peiné d'apprendre ta maladie ; j'espère qu'elle
n'aura pas de suites et qu'on me donnera souvent de tes nouvelles ; quant à Anna, puisqu'elle est guérie, je ne puis que l'embrasser de bon cœur en lui recommandant d'être plus sage dorénavant.

J'ai été aussi assez malade lundi dernier ; heureusement ce
n'était pas mon jour de leçon : je suis resté au coin de mon feu
étendu sans la moindre force sur ma chaise, et en quatre heures
c'était fini ; à propos du coin de mon feu je crois que c'est là ce
qui m'avait rendu malade, car on fait des foyers ou l'on entasse
des quantités prodigieuses de charbon, et quand on passe de
cette température au froid glacial qu'il fait dehors, on est saisi
très vivement.

Comme je ne garde pas de brouillon de mes lettres, je ne
me rappelle jamais ce que je vous ai dit ; quoi qu'il en soit, je
vais parler successivement de tout ce qui se trouve dans la lettre
de Félix.

1° La pension se compose du capitaine du génie Maillet,
qui a plus de quarante ans, de cinq capitaines d'artillerie qui
ont sept, six, cinq ans etc. de plus que moi ; enfin de Draguet,
mon camarade de promotion.

2° Perret, c'est un Auxonnais ou à peu près, directeur des
télégraphes à Lyon : je l'ai connu à l'école.

Dubois, c'est le professeur que je remplace, présentement
Bey à Tunis, lequel a laissé ses meubles à Rocart, ingénieur du

service ordinaire, lequel Rocart me les laisse à son tour moyennant cinq cents francs.

Les meubles se composent : 1° d'un lit de fer avec paillasse, matelas, couverture ; 2° d'une table de nuit et d'une commode dont le dessus forme lavabo ; 3° d'une superbe bibliothèque, avec deux compartiments en bas fermés et deux autres à glaces au-dessus ; 4° (d')une grande table de travail, une table ronde, un tric-trac comme celui de M. Cournot, c'est-à-dire qui forme table quand on ne joue pas ; 5° (d')un canapé avec des chaises ; 6° (de) menus objets tels que deux lampes, deux chandeliers, cuvette, etc.

J'ai reçu la caisse de Curnier-Chirol ; je ne l'ai pas encore déballée : j'en ai été pour vingt et un francs de port (soixante-dix kilos) plus quatre francs cinquante que j'ai donnés pour mon épée, qu'ils ont probablement oubliée et qu'ils m'ont envoyée à part en grande vitesse ; avec vingt francs d'emballage ; soixante-quinze francs de place, etc. : cela dépasse beaucoup les frais qui me sont alloués et qui sont de cent trente francs. Je n'ai pas encore reçu la caisse de Gray, ce qui est fort ennuyeux ; car cela seul m'empêche de m'installer et de rendre au directeur la chambre qu'il a eu la complaisance de me prêter ; je vous serais bien obligé d'aller la réclamer afin qu'on ne la laisse pas trop dans les gares.

J'ai été désagréablement surpris de voir qu'on me retenait encore cent francs, toujours sous prétexte de la retraite ; je ne suis même pas encore payé ; heureusement que Draguet m'a prêté quarante francs. A ce propos, je remercie beaucoup M. Magnin de son offre obligeante ; j'aurai probablement besoin de cinq cents francs pour payer mes meubles ; il est inutile de me les envoyer, je vous dirai comment il faut les faire parvenir à Dubois.

La pension est, je crois, de soixante-dix à quatre-vingts francs ; elle est très bonne ; je me trouve décidément très-bien ici ; cela tient surtout aux camarades, avec lesquels je suis tout à fait bien ; je suis infiniment plus gai et je n'ai plus ces affreux accès de tristesse qui m'avaient pris à Fontainebleau et même assez souvent à Paris.

Ma seule inquiétude est pour ma santé : Rocart, dont je vous ai parlé, a failli mourir dès son arrivée à Saint-Etienne, et il n'a pas pu y rester : un grand nombre d'autres sont dans le même cas. Seulement, si l'on parvient à s'habituer au pays, l'air est extrêmement sain, grâce aux particules de charbon qui détruisent tous les miasmes : on n'y connaît pas le choléra ; enfin pour cela, c'est à la garde de Dieu.

Quant au logement, le château de Chantegrillet, qui nous sert de résidence, s'élève sur une colline qui domine la ville ;

l'extérieur et l'intérieur sont également élégants ; l'Ecole des Mines est à une centaine de pas. Devant le château s'étend une immense pelouse en pente avec deux grandes avenues ombragées qui y aboutissent ; mais ce qu'il y a de meilleur, du moins en été, c'est un parc considérable, qui renferme les seuls arbres qu'il soit possible de trouver à dix lieues à la ronde. Il n'y a pas la moindre promenade dans la ville, le plus petit arbre : aussi nos connaissances nous font-elles de fréquentes visites dans l'été pour jouir de l'ombrage. Le rez-de-chaussée est occupé par le directeur, M. Grun, qui est le meilleur homme du monde, et avec cela un excellent ingénieur ; il est Suisse et même non naturalisé Français ; sa femme est Anglaise ; il n'a qu'un fils de neuf à dix ans.

Le premier est habité par Parran et moi : je connais à peine Parran, qui est parti le lendemain de mon arrivée pour rejoindre sa femme, laquelle le laisse seul en hiver et ne vient à Chantegrillet que l'été : cela lui sert de maison de campagne.

Enfin au deuxième demeure le troisième professeur, Lan : c'est un charmant garçon et sa femme est également fort aimable ; ils ont un fils de cinq mois. Lan, Parran et leurs deux femmes sont de Nîmes ou des environs.

Voici le plan de mon logement. Les trois fenêtres ont une vue magnifique sur le jardin.

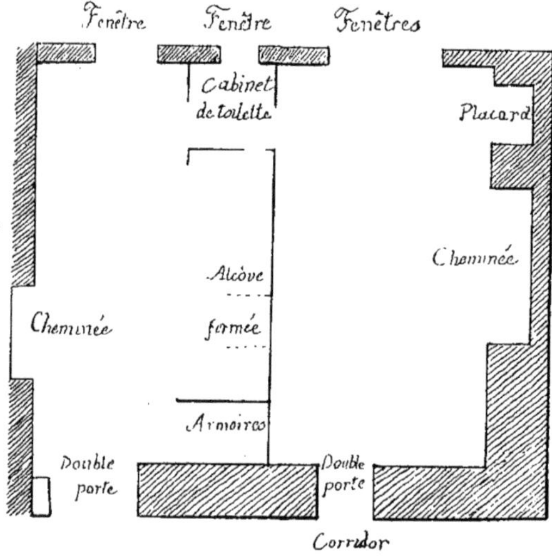

Je suis en train de m'installer ; il ne me manque que les draps ; je parie que maman a oublié les taies d'oreiller.

J'étais à peine arrivé à Saint-Etienne que je recevais une lettre de M. Regnier réclamant mon acte de naissance ; il doit l'avoir maintenant. Il me reste à peine un peu de place pour vous dire que mes examinateurs sont M. Chasles, président ; Lamé et Delaunay (1). Delaunay est celui qui m'a fait préférer Haton à l'Ecole polytechnique ; il paraît maintenant très bien disposé pour moi.

Je vous embrasse de tout mon cœur.

Ed. Bour.

No **94**.　　　　　Chantegrillet, le 21 décembre 1855.

Cher papa,

J'ai appris avec bien de la peine que tu souffrais toujours aussi cruellement ; heureusement, la maladie n'est pas dangereuse, et avec un peu de patience il faut espérer, Dieu aidant, que tu seras bientôt soulagé. En attendant, j'espère que Félix me donnera souvent de tes nouvelles, et de meilleures que la dernière fois.

Pour moi, je suis toujours de même et toujours content de ma position ; je suis assez occupé à refondre d'après les indications de M. Bertrand le mémoire que j'ai fait ces vacances. A propos de M. Bertrand, je pense que je te ferai bien plaisir en te transcrivant quelques passages d'une lettre que j'ai reçue de lui :

Vous avez appris l'intention qu'avait la section de géométrie de vous placer sur la liste des candidats à la place de correspondant, vacante depuis que Dirichlet est associé étranger. M. Ostrograski y est placé le premier, et les autres sont classés par ordre alphabétique, ce sont : Kümmer, Richelet, Rosenhain, Cayley, Sylvester, Sarrus et vous (2). Comme le rapport a été retardé, j'espère vous être agréable en vous confirmant d'une manière positive ce que vous aviez appris à ce sujet. C'est M. Lamé qui doit lire le rapport de la section sur les divers candidats : je l'ai aidé à composer la partie qui vous concerne et lundi dernier il m'a lu les deux ou trois dernières phrases qui terminent l'exposé de vos travaux. Les voici :

« L'Académie nous pardonnera d'avoir donné plus de développement à

---

(1) Michel Chasles (1793-1880) ; Gabriel Lamé (1795-1870) ; Delaunay (1816-1872).

(2) Kümmer (1810-1893) ; Cayley (1821-　　) ; Sylvester (1814-　　) ; Sarrus (1798-1861).

l'examen des travaux de M. Bour : nous avions besoin en quelque sorte de cette justification pour qu'on ne s'étonnât pas de voir figurer ce nom tout nouveau dans la science à côté de noms déjà anciennement célèbres. M. Bour justifiera, nous n'en doutons pas, cette distinction méritée : il est de ceux auxquels on peut appliquer sans crainte la célèbre prédiction faite par Lagrange après les premiers travaux de Poisson... »

Malheureusement, ajoute M. Bertrand, il ne doit être ni imprimé ni conservé dans les archives de l'Académie ; et il ne restera d'officiel que la liste de présentation, etc.

Je suis toujours bien vexé de n'avoir pas mon linge, car mes meubles sont installés depuis huit jours, et il ne me manque que les draps ; ce qui m'ennuie surtout, c'est qu'il fait ici un froid excessif, et que je ne vois pas de raison pour que je ne reste pas encore deux à trois mois sans les recevoir. Je vous serais bien obligé si vous pouviez leur écrire de mettre cela au chemin de fer s'ils ne sont pas trop loin d'une station ; car c'est bien ennuyeux d'être à charge à d'autres personnes, surtout quand on ne les connaît pas particulièrement.

Je verrai avec bien du plaisir maman au printemps : je serai fier de lui montrer *mon* parc, *mon* petit bois, etc. ; et surtout je serai heureux de l'embrasser. Je compte être libre vers le 10 juin ; nous pourrons nous en retourner ensemble.

Je remercie beaucoup M. Magnin du prêt qu'il veut bien me faire ; mais cela ne presse pas encore. Il est bien vrai que Dubois est à Tunis, mais je n'ai pas encore eu de relations avec lui, je me suis seulement emparé des meubles et j'attends qu'il me dise comment je dois lui faire parvenir l'argent.

J'ai fait d'ailleurs un excellent coup de commerce, car j'ai déjà trouvé quelqu'un qui me les reprendra au prix coûtant quand je m'en irai. Bien que je n'aie pas connu notre pauvre cousine Clara, sa mort m'a fait bien de la peine à cause de l'affection qu'ils nous témoignaient dans leurs lettres et que nous leur rendions tous : je vous prie de ne pas manquer de faire part de mes regrets à notre cousin quand vous lui écrirez (1).

Adieu, cher papa et chère maman, je vous embrasse de tout mon cœur en vous recommandant encore de ne pas oublier la caisse : j'attends avec impatience de meilleures nouvelles de la santé de papa.

Ed. Bour.

---

(1) Femme d'Adolphe Jeunet, de Marseille, employé chez un architecte.

N° 95. SAINT-ÉTIENNE, le 26 décembre 1835.

Cher papa,

J'ai été bien affligé en recevant la dernière lettre de voir qu'elle n'était pas encore de ta main ; j'aurais cru qu'une fois l'opération faite les douleurs auraient disparu ; j'attends avec une bien grande impatience une lettre qui m'apprenne enfin que tu as éprouvé quelque soulagement. Je désirerais bien surtout avoir plus souvent de tes nouvelles : Félix pourrait bien m'écrire tous les deux jours, il me semblerait au moins comme cela que je serais presque au milieu de la famille, partageant ses ennuis et ses prières pour une prompte guérison.

Je prierai aussi Félix d'aller jusque chez M. Paret (1) lui demander le nom et l'adresse des correspondants de Lyon afin que je puisse lui adresser directement une réclamation sans vous ennuyer encore de cette affaire ; cependant cela ne presse pas à un jour près.

J'ai vu le jeune Thomas (2) dont vous me parlez : je lui ai fait le meilleur accueil que j'ai pu, et vous pouvez assurer son père que je m'intéresse beaucoup à lui.

Je ne sais comment j'ai fait pour oublier jusqu'à ce moment de vous dire que je n'ai rien envoyé de Paris à Gray ni laissé à Paris ; j'ai tout emporté à Saint-Étienne. Comme Chirol l'avait assez mal emballée, j'ai eu un peu de verrerie cassée ; et surtout le Laplace a été un peu abîmé. Ma vie est d'une monotonie incroyable ; il n'y a pas le plus petit événement qui vienne distinguer un jour de l'autre ; je suis heureux d'avoir de l'ouvrage pour ne pas m'ennuyer.

Je suis seulement bien tourmenté depuis les deux dernières lettres de Félix de savoir mon pauvre papa si souffrant et de ne pas être là pour essayer d'adoucir un peu ses douleurs, ou de lui donner un peu de courage pour les supporter.

Dans l'espérance d'avoir bientôt de meilleures nouvelles, je vous embrasse tous de tout mon cœur, et vous recommande encore une fois de ne pas m'oublier et de m'écrire plus souvent.

ED. BOUR.

---

(1) De Gray, entrepreneur de transports sur la Saône entre Gray et Lyon.
(2) Fils de l'instituteur de Beaujeu ; était élève à l'École des mineurs de Saint-Étienne. Il est devenu ingénieur.

Nᵒ 96.   Chantegrillet, le 27 décembre 1855.

Cher papa et chère maman,

J'ai été bien heureux cette fois de voir que papa pouvait maintenant se lever et qu'il m'avait écrit quelques mots ; et c'est le cœur rempli d'espérance que je lui souhaite ainsi qu'à toute la famille une bonne et heureuse année.

Pour moi, comme vous devez le penser, le jour de l'an sera encore plus ennuyeux que d'habitude à cause des visites officielles.

Je suis en ce moment-ci assez chargé de besogne à l'Ecole des Mines ; trois cours par semaine de huit heures à dix et sur des matières qui me sont très familières : la mécanique. Plus tard, malheureusement, j'aurai cours tous les jours, et sur des choses qui m'ennuient beaucoup, parce que je ne les sais pas du tout.

Adieu, cher papa et cher maman ; je vous embrasse bien de tout mon cœur, en vous souhaitant derechef la bonne année et vous chargeant de mon compliment pour toutes nos connaissances ; j'espère que vous ne me laisserez pas longtemps sans nouvelles jusqu'au complet rétablissement de papa.

Ed. Bour.

Nᵒ 97.   Chantegrillet, le 8 janvier 1856.

Cher papa,

Enfin je viens de recevoir ce matin cette fameuse caisse, qui m'a tant ennuyé. Vous ne pouvez pas vous figurer que de courses j'ai fait faire à tous les domestiques mâles et femelles de l'école pour parvenir à la découvrir : je craignais de trouver tout abîmé ; mais heureusement tout était parfaitement emballé, et très solidement ; rien n'a de mal ; j'ai fait l'inventaire du tout ; il y a une grosse couverture qui m'est inutile, car je suis tellement couvert que j'ai trop chaud, même sans me servir de mon édredon.

La ville de Saint-Etienne était presque inhabitable tous ces jours-ci : nous avons eu plus de quinze jours d'ouragan, qui rendait la marche extrêmement pénible, et empêchait absolument de faire du feu ; enfin, hier, malgré l'hiver, nous avons eu le plus bel orage qu'on puisse imaginer ; aujourd'hui on est un peu tranquile ; je ne sais si cela durera. Il n'y a d'ailleurs pas la moindre société ici ; tout se borne à des réceptions officielles fort ennuyeuses où il me faut marcher, directeur en tête : heureusement, j'ai eu le bon esprit de ne pas faire arranger mon uniforme pour mon nouveau grade, car j'écraserais complètement même l'ingénieur en chef. Ce soir encore j'ai une soirée pour la réception du préfet ; avant-hier j'ai reçu sa visite et celle de son fils : dimanche, pour la première fois, j'ai pu voir des visages inconnus, c'est vrai, mais qui me présageaient de bonnes relations. J'ai reçu une lettre charmante de l'oncle d'un jeune homme avec lequel j'avais été un peu lié à Paris, m'engageant à aller passer la soirée chez lui à Saint-Chamond ; j'y ai été fort bien reçu, et j'ai fait connaissance avec toute la famille, qui est nombreuse et très aimable. Le lendemain matin, on m'a (fait) voir les fameuses bobines qui ont donné leur nom aux indigènes de ce pays, qu'on appelle partout des *bobinards* ; un autre jour on me montrera les fourneaux, etc. Mon voyage d'un jour a d'ailleurs été rempli d'incidents ; incendie, ouragan, écroulement d'un fourneau qui a enseveli trois ou quatre ouvriers ; enfin, ce qui aurait pu être très joli, le cheval de l'omnibus s'est emporté au bruit d'une machine et partait dans la direction du chemin de fer : dans ce pays, le chemin suit la route, et quand la machine est en vue, on tend une chaîne, ce qui n'arrête guère les chevaux, et est même fort dangereux pour les hommes le soir ; enfin on est parvenu à arrêter le cheval juste après le passage du convoi.

Ce qui m'ennuie beaucoup, c'est que je ne fais absolument rien ici : je n'ai encore pu terminer le mémoire que j'ai fait en vacances ; je suis arrêté par des difficultés qui sont très peu sérieuses ; mais je ne sais si je n'y mets pas assez de suite : enfin je n'ai absolument rien de fait. Je ne sais si cela se passera, ou si ma carrière scientifique serait déjà terminée.

Adieu, chère papa et chère maman ; je vais m'habiller pour cette fameuse soirée ; espérons qu'elle sera aussi brillante que celle qui a signalé le passage du président de la République (1) ; on a cassé les carreaux, on a renversé le préfet, on a roulé sous les tables, et le lendemain on a fait venir les soldats pour emporter les dormeurs dans un café, où on aurait pu les retrouver le surlendemain : c'est là la haute société de Saint-Etienne et Saint-Chamond, ce n'est pas la même chose : il n'y a que des gargottes et pas un seul café : et tout le monde a grand'peur des excommunications du cardinal de Lyon (2), qui défend aux demoiselles de danser et n'est que trop bien obéi.

Je vous embrasse de tout mon cœur.

Ed. BOUR.

---

(1) Le 18 septembre 1852, le prince président y fut salué des cris de *vive l'empereur*.

(2) Le cardinal de Bonald (1787-1870).

N° 98.   SAINT-ÉTIENNE, le 23 janvier 1856.

Cher papa,

J'ai été bien aise d'apprendre que ton rétablissement suivait son cours et qu'enfin tu avais pu sortir : quant à moi, je me porte toujours très bien ; seulement je n'ai toujours pas la moindre distraction à Saint-Etienne ; et quant au travail, j'éprouve toujours la même difficulté. Samedi 26, je termine mon premier cours ; et si Gray n'était pas si loin, j'irais bien vite y passer mes huit jours de vacances ; mais comme je dois faire les examens le premier et le deux février et rouvrir mon cours le cinq, je n'ai pas assez de temps, et je passerai cette semaine comme toutes les autres.

Je n'ai absolument rien d'intéressant à vous dire ; seulement je n'ai pas l'essuie-plumes d'Emile. Les journaux d'ici parlent d'un animal extraordinaire qu'on aurait découvert et envoyé à M. Perron : si ce n'est pas un canard, je serais bien aise que tu m'en parlasses dans ta première lettre (1). Je vous embrasse de tout mon cœur.

ED. BOUR.

N° 99.   CHANTEGRILLET, le 8 février 1856.

Cher papa,

Je n'ai pas pu voir M. Gaudemet, qui est venu l'après-midi en me laissant un petit mot où il me disait qu'il partait le soir.

Je suis allé au chemin de fer avec mon petit paquet de thèses sous le bras, mais ne le connaissant pas, je ne l'ai point vu : ce n'était que dans l'espérance qu'il me reconnaîtrait.

Malgré l'atroce climat dont nous sommes favorisés, je n'ai point encore été malade. Mon prédécesseur, qui avait demandé l'Afrique pour cause de santé, n'a pu l'obtenir : il vient de revenir à Saint-Etienne pour prendre le service ordinaire, et tout le monde le croyait mort.

Je m'ennuie toujours autant qu'il est possible de le faire ; et par dessus tout, j'ai encore eu le désagrément de voir changer mon ami Draguet, dont je vous ai déjà parlé plus d'une fois et qui part pour l'Afrique.

Vous trouverez peut-être que je ne vous écris pas souvent ;

---

(1) Il s'agit d'une mystification due à M. Eugène Perron, qui avait écrit un article *anonyme* sur la découverte d'un ptérodactyle vivant dans une carrière.

mais vous ne pouvez pas vous faire une idée de la monotonie d'une existence qui se passe deux à trois heures au café à faire une partie de dominos au milieu d'un tas de voyous qui composent l'aristocratie financière du pays ; et le reste du temps dans ma chambre, où j'ai à peine le courage de travailler. Outre cela, pas la moindre personne à qui je puisse parler de vous ou dont je puisse vous donner des nouvelles, et vous conviendrez que je n'ai pas grand'chose de bien intéressant à vous mander.

Le seul agrément de ce pays, c'est que mon traitement me permet de faire des économies ; et pour peu que l'on attende encore deux ou trois mois, je n'aurai pas besoin de demander de l'argent à M. Magnin pour payer mes meubles ; quant à mon imprimeur il me laisse bien tranquille, et moi de même (1).

Je vous embrasse de tout mon cœur.

Ed. Bour.

N° **100**.   CHANTEGRILLET, 12 mars 1856.

Cher papa,

J'avais peur que Félix ne lût dans mon anglais que j'étais à l'extrémité : heureusement il paraît qu'il ne vous a pas tourmenté plus que cela ne valait ; et maintenant que j'ai eu quelques beaux jours, dont je me suis empressé de profiter pour faire une tournée de machines, je suis à peu près remis. Je suis maintenant à la tête de cinq cents francs d'économie, ce qui me permettra de payer mes meubles ; et s'il me reste quelque chose à la fin de mon cours, je prendrais pour quelques jours mon sac sur le dos et je reviendrai à Gray en passant par Clermont et l'Auvergne. Malheureusement ce moment est encore bien loin, et j'ai maintenant leçon tous les jours, ce qui est assez pénible.

Je pense que l'indisposition d'Anna n'aura pas de suites graves et que sa maman l'aura bien soignée pour éviter une rechute : il me tarde bien de l'embrasser.

Tu as dû voir mon nom dans les journaux à propos de la

---

(1) Edmond Bour fut averti par MM. Alfred et Noblemaire qu'une place de répétiteur était devenue vacante (10 février 1856). « M. Cahours,... lui écrivait M. Riche, m'a dit qu'on faisait de vous de tels éloges que tout le monde serait désireux de vous avoir à l'École. » (18 février) M. Leverrier lui fit savoir par M. Bertrand qu'il ne ferait pas d'opposition à sa candidature, et alla même jusqu'à offrir de le recommander pour une place de chargé de cours à la faculté des sciences de Nancy.

Le 25 février 1856, Ed. Bour présenta à l'Académie des sciences un mémoire sur les mouvements relatifs (compte rendu tome XLII).

présentation à l'Institut ; je souhaite que cela puisse me servir pour quitter au plus tôt cet affreux pays.

Adieu, cher papa et maman ; je vous embrasse de tout mon cœur et souhaite d'avoir plus souvent de vos nouvelles.

Ed. Bour.

No **101.**   Chantegrillet, le 17 mars 1856.

Cher papa,

Il y a bien longtemps que je n'ai pu me trouver réuni à la famille le bienheureux jour de saint Joseph ; je ne puis que t'envoyer du fond de ma thébaïde mes souhaits et mes regrets. Je te dis donc avec ma mère, mes frères et ma sœur que j'espère que la Providence exaucera les vœux de toute la famille et qu'elle écartera loin de toi les maladies qui nous ont tous affligés cette année.

Quant à moi, ma position est toujours la même : je ne puis m'empêcher d'être bien mécontent de moi quand je compare tous mes travaux de l'année dernière avec la stérilité de mes efforts de cette année. Je suis toujours bien occupé par mes leçons ; ce n'est pas la peine d'être sorti du collège pour avoir un cours tous les jours ; enfin dans trois mois je serai libre et je pourrai montrer à maman l'affreux pays où j'ai encore je ne sais combien de temps à passer.

Adieu, mon cher papa, je t'embrasse de tout mon cœur et je te réitère mes souhaits pour la fête.

Ed. Bour.

P. S. — Je ne sais s'il y a eu plus d'enthousiasme à Gray qu'ici : mais sauf la préfecture et Chantegrillet il n'y avait rien d'illuminé (1) : ceux de mes amis qui comme fonctionnaires avaient acheté des lampions les ont éteints, voyant qu'ils étaient seuls ; quant à moi, qui suis sur le derrière, j'ai été obligé de renfermer mes sentiments patriotiques au fond de mon cœur.

No **102.**   Chantegrillet, le 23 mars 1856.

Chère maman,

Si quelque chose me console dans le désert où je végète, c'est la pensée de ceux qui m'aiment à Gray et qui peut-être

---

(1) Pour la naissance du prince impérial : 16 mars 1856.

un jour recueilleront le fruit de mes peines ; je sais bien qu'en
recevant les cadeaux et les embrassements de toute la famille,
ton cœur n'oubliera pas le pauvre absent, et que ma lettre ne
sera pas pour toi le moins agréable des bouquets. Je t'embrasse
donc de tout mon cœur à travers la distance qui nous sépare ;
et je prie ton saint patron de porter au pied du trône de Dieu
tous les soins que tu nous as prodigués et toutes les peines qui
ne cessent de t'affliger. Espérons qu'elles seront enfin récom-
pensées, que Dieu rendra la santé à ceux qui sont malades,
qu'il bénira mes efforts, dont il connaît le mobile, et que ceux
qui ne sont pas encore élevés grandiront en science et en vertu.

Pour moi, j'ai encore passé une semaine au milieu de ces
tempêtes qui vous ôtent la respiration, empêchant de dormir la
nuit et de travailler le jour ; et pourtant le vieux portier de
l'Ecole, âgé de quatre-vingt-sept ans, dit qu'il n'a jamais vu
une aussi belle année. Il paraît que d'habitude il faut creuser
son chemin dans la neige.

Je suis fâché que ma lettre ne soit pas arrivée à temps
pour la fête de papa. J'ai reçu hier samedi saint la lettre datée
du vendredi saint ; il paraît qu'il faut deux fois plus de temps
pour aller d'ici à Gray : j'espère que celle-ci, écrite trois jours
d'avance, pourra arriver assez tôt.

Rien de nouveau à vous mander ; je vous embrasse encore
une fois de tout mon cœur en regrettant de ne pouvoir assister
à la bonne fête de famille.

ED. BOUR.

N° **103**.　　　　　　CHANTEGRILLET, le 11 avril 1856.

Cher papa,

Je regrette que tu n'aies pas dit à M. Gaudemet ce que je
t'avais dit dans ma dernière lettre : je te prie de lui dire que
j'ai reçu sa deuxième lettre et que je recevrai le paquet quand
on me le rapportera ; si je l'avais refusé, c'était parce qu'il
devait être affranchi et qu'on me demandait le port : je croyais
que tu lui en avais parlé, et qu'il aurait fait ses réclamations.
Tu lui expliqueras aussi que je n'avais pas pu avoir de renseignements par le porteur, ou que j'étais occupé à faire une
leçon.

Je suis toujours bien fatigué, sans être encore précisément
arrêté ; et justement tout me tombe à la fois sur le dos : examens,
leçons tous les jours, descentes de mines, etc. Il faut que ce
climat soit bien mauvais pour moi, puisque je ne me suis

jamais aussi mal porté et que pourtant je suis parfaitement soigné, bien nourri, bien chauffé, et que je ne fais pas grand' chose.

Je n'ai rien de nouveau à vous apprendre ; tu pourras dire à M. Perron que j'ai pris deux Hippurites à la collection de l'Ecole et que je les lui apporterai en venant à Gray : le pays est d'ailleurs tout à fait pauvre et je ne puis lui rapporter des fossiles, vu qu'il n'y en a pas.

Adieu, cher papa et chère maman, je désire bien vivement d'avoir enfin terminé tous mes cours, et de pouvoir passer quelque temps auprès de vous.

Je vous embrasse de tout mon cœur.

Ed. Bour.

Nº **104**. Chantegrillet, le 18 avril 1856.

Cher papa,

Je suis bien ennuyé de te voir toujours malade, toi qui ne l'avais jamais été avant cette année : heureusement, Félix me dit que c'est moins grave qu'au mois de décembre, et j'espère que tu ne tarderas pas à reprendre ton train de vie habituel. Je trouve que l'on me néglige un peu plus cette année que les autres, et que l'on ne m'écrit guère, pendant que je serais bien aise d'avoir des nouvelles de votre santé ; pour moi je suis assez bien aujourd'hui, parce qu'il fait un beau soleil après sept à huit jours de pluie ; je tousse toujours un peu et mon cours est bien fatigant ; cependant je suis sorti des examens.

Si je n'ai pas encore acheté un château avec mes économies, du moins j'ai meublé le mien, c'est-à-dire que je viens de payer mon mobilier ; ainsi je n'aurai pas besoin de demander de l'argent à M. Magnin, que je vous prie de remercier pour son offre obligeante.

J'ai reçu hier une lettre de M. de Sénarmont, qui me dit qu'il tient probable que je serai nommé répétiteur à l'Ecole polytechnique à la rentrée : c'est une place de quinze cents francs, c'est-à-dire qu'il faudra se remettre à tirer le diable par la queue ; mais j'ai cédé aux conseils de toutes les personnes en qui j'ai confiance.

Adieu, cher papa et chère maman, je vous embrasse de tout mon cœur et j'attends impatiemment de vos nouvelles, et surtout des meilleures nouvelles de papa.

Ed. Bour.

N° **105.**   Chantegrillet, le 1ᵉʳ mai 1856.

Cher papa,

J'ai été bien aise d'apprendre que tu te trouvais mieux ; seulement il faut bien faire en sorte d'éviter de nouvelles rechutes. Pour moi quelques jours de beau temps m'ont remis à flot, et il est bien fâcheux que cela n'ait pas continué. Depuis quelques jours, nous avons une pluie torrentielle ; tous les bassins et pièces d'eau qui se trouvent dans notre parc sont complètement inondés ; mais, vu la pente, une demie heure d'arrêt et tout est sec. Quoi qu'il en soit, si vous appreniez d'ici à quelques jours que la ville de Saint-Etienne a été emportée par le Furens, ne soyez pas inquiets sur mon compte, car j'habite la montagne et suis tout à fait à l'abri. Notre jardin se fait beau pour se montrer à maman dans toute sa splendeur. J'espère que dans votre première lettre ce voyage sera tout à fait décidé, d'autant plus que je ne pense pas revenir ici l'année prochaine ; et que maman sera bien aise de me voir dans mon logement, tel que, je n'en aurais pas un pareil avec dix mille francs de rente. Malheureusement le climat de Saint-Etienne gâte tout, et je compte les jours où je puis aller préparer ma leçon au jardin.

Malgré cela, si je ne devais pas quitter ce séjour, je n'engagerais pas papa à permettre à maman de faire ce voyage car je suis bien sûre qu'elle le planterait là pour venir rester avec moi.

J'ai eu trois jours de congé pour l'Ascension : ce sont les derniers d'ici au trois juin ; comme le temps est mauvais, j'en ai profité pour travailler un peu ; j'espère pouvoir peut-être envoyer encore deux à trois pages à Paris avant mon départ.

Adieu, mon cher papa ; je t'embrasse de tout mon cœur, et j'attends avec impatience la décision relative au voyage de maman.

Ed. Bour.

———

N° **106.**   Chantegrillet, le 17 mai 1856.

Cher papa,

Je ne sais quand ma lettre vous arrivera car on dit que la communication est interrompue par l'inondation (1). Nous avons encore eu aujourd'hui un peu de neige ; mais la pluie

———

(1) Il s'agit de la trop célèbre inondation du Rhône.

continue de plus belle sans interruption. Ce n'est pas au mois de juin que j'emballerai mes affaires ; car je serai obligé de revenir à Saint-Etienne du premier au quinze août pour les examens généraux ; et même à ce moment je ne sais trop ce que je devrais faire dans l'incertitude où je serai encore au sujet de ma nomination : nous en causerons. Quoi qu'il en soit, c'est le trois juin que je termine mes cours, et c'est à cette époque que je pourrai aller chercher maman à Lyon si elle vient ; à partir de ce moment je serai à sa disposition jusqu'au neuf juin au plus ; le neuf, je ferai mes examens, et le dix je pourrai quitter cet abominable Saint-Etienne.

Je n'ai pas été trop fâché du mauvais temps, car j'avais et j'ai encore beaucoup d'ouvrage ; de plus j'ai fait une chute l'autre jour et je me suis écorché le genou, ce qui m'a interdit quelques temps l'exercice. J'ai eu de la chance d'en être quitte pour cela, tant le pavé et les trottoirs de Saint-Etienne sont mauvais : on a laissé pendant trois jours au milieu d'une rue un trou où un homme aurait pu disparaître, et cela sans le moindre garde-fou.

Quant au voyage d'Emile dont me parle papa, je crois que c'est une superstition un peu passée de mode : on peut prier Dieu partout ; et je crois que si l'on donne aux pauvres les deux à trois cents francs que pourra coûter ce voyage, on serait infiniment plus agréable à la Providence : je suis persuadé d'ailleurs que tous les prêtres vous parleront comme cela.

Adieu, cher papa et chère maman ; j'attends avec impatience la décision relative au voyage de maman.

Je vous embrasse de tout mon cœur.

Ed. Bour.

N° 107.   Nimes, 3 août 1856.

Cher papa,

Je profite du papier qu'a bien voulu me laisser ma cousine (1) : au train dont elle y allait, je craignais de n'avoir plus de place.

Comme elle te l'a dit, nous n'avons encore rien vu, vu que nous piquons le chien toute la journée, et que la nuit nous dormons. Cependant, aujourd'hui, nous irons voir la Maison Carrée et les taureaux.

Demain, départ pour Marseille : le cousin Adolphe (2) nous

---

(1) Elisa Gennet, femme de M. Bonnardel.
(2) Habitait Marseille.

a écrit une lettre charmante : nous serons bien aises de le voir. Nous voulons laisser quelque chose à te dire à notre retour ; aussi nous ne te décrirons pas le pont du Gard.

Jusqu'ici je suis content de maman ; depuis la tête jusqu'aux pieds, nous n'avons pas eu la moindre contrariété, si ce n'est la chaleur, à laquelle nous nous attendions ; et pour ma part je ne me suis jamais mieux porté.

Adieu, cher papa ; je veux aussi laisser un peu de place à maman pour que tu voies qu'elle n'est pas malade ; je vous embrasse tous de bien bon cœur ; et nous employons pour faire boire maman le même moyen qu'à Gray ; « à la santé du cousin Joseph ! » et elle ne refuse jamais.

Ed. Bour.

Poète à ses heures, Edmond Bour rimait parfois des sujets de haute fantaisie. En voici un exemple (1) :

Nº **108** D I A T R I B E

Au départ de notre ami Guize,
Je prétends parler à ma guise ;
Et, quoi qu'on fasse ou quoi qu'on dise,
Qu'on m'approuve ou me contredise,
J'ouvrirai mon cœur sans feintise.

Permettez-donc que je lui dise
A quel point il me tympanise,
Quand sans cesse il me mécanise
Sur ma passion pour l'analyse,
Sur mes calembours qu'il méprise,
Sur ma pauvre casquette grise,
En un mot sur toute ma mise.

L'amitié, dit-il, autorise
Ces libertés, qui sont de mise
Quand tous les jours on fraternise,
Et que côte à côte on se grise.
Cependant je m'en formalise
Beaucoup, et vois avec surprise
Que c'est toujours sur moi qu'il vise
Quand il veut dire une sottise :
C'est là ce qui me scandalise.

______

(1) Voir un autre exemple au nº 129.

Je le préviens donc, et l'avise
Qu'à l'avenir il s'interdise
Toute attaque un peu trop précise,
Ou, sans relâche et sans remise,
Tous les soirs je le martyrise,
Je l'écrase, le pulvérise,
A grands coups de rimes en *ise*.

ED. BOUR.

12 décembre 1856.

Le 5 janvier 1857, Edmond Bour présenta à l'Académie des sciences un MÉMOIRE SUR LA RÉSOLUTION DES ÉQUATIONS NUMÉRIQUES DU TROISIÈME DEGRÉ AU MOYEN DE LA RÈGLE A CALCUL (*comptes rendus, t. XLIV*).

L'illustre Biot lui envoya, comme au jeune mathématicien qui donnait le plus d'espérances, la collection des mémoires de Lagrange, dits mémoires de Berlin.

Cette précieuse collection des mémoires de Lagrange, lui écrivit-il, tire son origine de d'Alembert : il la composa avec des exemplaires que Lagrange lui envoyait de Berlin. Il en fit présent à Condorcet, sous la condition de la transmettre à quelque jeune homme laborieux quand elle ne lui serait plus nécessaire. Elle est venue successivement sous la même condition de Condorcet à Lacroix, de Lacroix à M. Biot, avec addition de plusieurs autres pièces. M. Biot les donna à J. Binet. Binet n'en ayant pas disposé de son vivant, elle est rentrée dans les mains de M. Biot, qui la transmet sous les mêmes conditions à M. Bour : comme témoignage d'estime pour son zèle et pour les beaux travaux mathématiques par lesquels il s'est annoncé aux amis de la science ».

Paris, 15 décembre 1856.

Signé : BIOT. (1)

M. Mannheim, après la mort d'Edmond Bour, a, selon le désir exprimé par lui, envoyé cette collection à l'Académie des sciences. Quelques temps après, Biot écrivit à Edmond Bour :

PARIS, le 23 février 1857.

Monsieur,

Je suis charmé d'apprendre que vous avez reçu le recueil de mémoires que je vous ai adressé, et qu'il vous a été agréable : en vous le transmettant, je n'ai fait que remplir l'intention du premier fondateur, et vous en continuerez

---

(1) D'après Sainte-Beuve, deux fois M. Joseph Bertrand répondit à M. Biot qu'Edmond Bour était le jeune géomètre qui avait le plus d'avenir. Le grand critique se trompe en plaçant l'une de ces questions après la mort de Parisot, c'est-à-dire au 15 décembre 1859 (*Nouveaux lundis*, II, page 109).

l'application. Dans l'estime des honnêtes gens et des hommes qui aiment la science, les obstacles que l'on vous a suscités ne font tort qu'à leurs auteurs. S'ils ont le pouvoir de retarder votre retour à Paris, ils n'ont pas celui d'arrêter votre carrière scientifique, à moins que vous n'ayiez la faiblesse de vous en laisser abattre. Mais si vous la poursuivez avec le même courage que vous y avez porté d'abord, chaque nouveau pas que vous y ferez sera pour vous un accroissement d'honneur, comme aussi un sujet de honte pour ceux qui ont voulu l'entraver. Persévérez donc invinciblement dans la voie où vous avez déjà commencé à marcher avec tant de succès, et que la continuité de vos travaux donne un mortel déplaisir à ceux qui prétendaient les arrêter. Croyez bien qu'ici, l'intérêt et l'approbation publique ne vous manqueront pas, d'autant plus empressés qu'ils rendront l'envie plus évidemment injuste et méprisable. Permettez même à mon grand âge de vous exprimer ici un sentiment dont j'ai reconnu la vérité par ma propre expérience : au point où vous êtes arrivé, le travail solitaire peut vous être au moins autant, si ce n'est plus fructueux, qu'il ne le deviendrait par le frottement avec d'autres esprits. S'il vous manque quelque élément nécessaire à vos recherches, et la collection que je vous ai envoyée vous en fournira un bon nombre, demandez-les ici à vos amis, qui les emprunteront pour vous ; et regardez-vous comme étant toujours présent parmi eux : votre persévérante ardeur renversera ainsi tous les obstacles semés sur votre route, et fera honte à ceux qui les ont élevés.

Agréez l'expression sincère de cette opinion, que mon intérêt pour les sciences et pour vous m'inspirent.

J.-B. BIOT.

P. S. — Je vous adresse en même temps que cette lettre un exemplaire d'un discours, à la fin duquel vous trouverez des réflexions conformes aux sentiments que je viens de vous présenter.

* * *

« ...L'opinion générale, lui écrivait M. Bertrand, attend beaucoup de vous, et l'on est tout préparé, non seulement à vous voir à la tête de la génération de géomètres qui suivra la nôtre, mais encore à ce que vous devanciez beaucoup de ceux qui vous ont précédé. Liouville, Lamé et Chasles regardent déjà votre nomination à l'Institut comme vraisemblable pour l'une des plus prochaines vacances ; il me semble, en effet, que quatre ou cinq mémoires du même ordre que vos premiers vous mettraient sans contestation au-dessus des géomètres qui resteront à cette époque en dehors de l'Académie (1). »

Ces projets échouèrent. M. Leverrier, d'après une lettre de M. Bertrand, recommanda encore Edmond Bour pour une chaire à la Faculté des sciences de Lyon.

---

(1) M. Bertrand disait un jour à M. Frémy : « Parmi nos savants, il y en a qui sont tout aussi estimés à l'étranger, que les membres de l'Institut : Briot, Puiseux, Bour, etc... » (Lettre de M. Mannheim à Edmond Bour... 1859).

Le 5 décembre 1857, Edmond Bour fut promu à la deuxième classe du grade d'ingénieur ordinaire des Mines.

M. le général Favé disait à M. Calemard du Geneslou :

« Dites bien à Bour que je m'intéresse à tout ce qui le concerne, qu'il a déjà un nom dans la science, que je l'engage, comme ami, à ne pas se laisser décourager par quelques désagréments passagers, et que chaque fois qu'il s'agit de quelque nomination à l'École polytecchnique il a trois amis qui le soutiennent vivement : MM. de Sénarmont, Bertrand et moi. Faites lui bien mes amitiés ». (9 février 1858).

Nº 109.   GRAY, le 20 novembre 1857.

Mon cher Félix,

Cette année, comme je le pensais, je n'ai pas eu à me plaindre. Hier à midi, on m'a tendu une embuscade, et tout le monde m'a sauté dessus, à l'exception de ce pauvre Emile (1), qui était assis sur une chaise un bouquet à la main. Maman et Anne avaient travaillé toute la matinée : aussi y avait-il gâteaux de pommes, gaufres ordinaires, gaufres avec le fer d'Anna, et biscuit que papa avait à la main avec ta lettre dessus. Tante Agathe m'avait fait une belle poupée en forme de porte-allumette et tante Amélie m'a donné aussi un petit bouquet. Tu vois que personne n'a manqué à la fête, puisque tu étais représenté par ton bouquet.

ED. BOUR.

Edmond Bour fut rejoint à Saint-Etienne par Félix, qui écrivait alors à ses parents : d'où une interruption dans la correspondance de son frère. Nous supprimons quelques lettres concernant un voyage d'Edmond Bour à Luchon.

Nº 110.   CHANTEGRILLET, 5 août 1858.

Cher papa,

Je suis allé voir M. Chantron à la réception de la lettre de M. Gauthier (2) ; je ne l'ai point trouvé : j'y retournerai quand mes examens seront finis.

Mme Grüner aurait bien envie d'une paire de bouchons (3) comme ceux de Madame Lan ; elle m'a demandé les miens

---

(1) Blessé au genou par suite d'une chute.
(2) Professeur de troisième au collège de Gray.
(3) Sorte de capuchon pour protéger les lampes contre la poussière.

pour que sa fille en fasse de pareils : je lui ai dit que cela ne se pouvait pas.

Si maman a encore ceux qu'elle lui destinait, qu'elle me les envoie; mieux vaut tard que jamais.

Je trouverai facilement un fusil pour M. Clerc (1) avec le prix qu'il veut y mettre : seulement il faudrait indiquer le calibre et la courbe. J'accepterai volontiers M. Tournier fils (2) comme compagnon de voyage.

Adieu, cher papa et cher maman ; je suis toujours très pressé : à bientôt.

Ed. Bour.

N° **111.** Liége, le 14 septembre 1858.

Cher papa et chère maman,

Je suis en ce moment a Liége, où pour la première fois depuis mon départ je vois briller le soleil. Ecrivez-moi à Cologne, hôtel Dirch : je ne tarderai pas à y être.

J'ai parlé du mauvais temps : c'est la seule contrariété que j'aie eue depuis mon départ. Tout a réussi au-delà de ce que je pouvais imaginer. Par exemple, je suis en ce moment à côté d'Eugène (3), qui fait une tournée avec moi et que je ramènerai ou qui me ramènera en Franche-Comté. Tu comprends que sa compagnie décuple le plaisir du voyage ; car comme tu le dis dans tes lettres, nous nous sommes tout de suite très bien entendus ensemble.

J'ai fait par hasard la connaissance du contre amiral Schmit-by-nacht, qui m'a emmené jusqu'à son port de Nieuwe-Diep, où j'ai passé la revue des vaisseaux de ligne et de la frégate à hélice le *Wassenaer*.

Quant à Nieuwe-Diep, vous ne trouverez ce nom sur aucun dictionnaire ni carte : c'est par delà le cercle polaire ! près de l'île de Texel : aussi, mon vaisseau s'étant trouvé arrêté par les glaces flottantes, je suis resté en Hollande bien plus longtemps que je m'y étais attendu. Enfin j'ai quitté les délices de Capoue, et me voilà en route.

J'ai été désappointé ce matin de ne pas trouver de lettres à Liége : vous pourriez bien m'écrire plus souvent; surtout Félix, qui n'a rien à faire. Ce n'est pas comme un voyageur, qui n'a pas souvent une pierre où reposer sa tête.

---

(1) Conservateur des hypothèques à Gray : grand chasseur.
(2) Fils d'un avoué de Gray.
(3) Eugène Bour, industriel, fabriquait de la « *garancine* » à Amsterdam.

J'attends aussi des nouvelles de Ferdinand. Qu'il s'amuse bien et profite bien de ses vacances.

Dans la crainte qu'il n'ait pas assez de la pièce de dix francs que je lui ai laissée, je lui envoie une petite pièce hollandaise en platine, argenté qui vaut deux cents francs ; et en outre je lui ouvre un crédit illimité sur Félix : j'espère qu'il aura de quoi courir le monde.

Quant à papa, je pense que son accident n'aura pas de suites : mais c'est toujours bien désagréable d'attraper un coup pareil. Je ne m'inquiète guère de maman depuis que la somnambule m'a prédit qu'elle nous enterrerait tous, vu que je ne suis pas encore disposé pour ma part à retenir ma place. Que fait-elle de son petit *chenil* ? (1) Est-ce déjà une bonne ménagère ? sait-elle au moins faire cuire un œuf à la coque ? Je crois que je serai forcé de la mettre en apprentissage chez la maman Bassot (2) si je veux en faire quelque chose.

J'espère que l'amélioration que j'ai remarquée à mon passage dans l'état d'Emile se sera maintenue, et qu'à mon retour nous ferons encore quelques courses ensemble : qu'il fasse des plans en attendant. S'il n'était pas malade, je lui enverrais une fameuse perruque, car je paie bien mon horloger, et sa clef s'est cassée la première fois que je m'en suis servi (3). J'ai eu tort de changer : j'étais bien plus content de son père, car ma montre en or n'a pas varié d'une minute depuis mon départ : c'est extraordinaire.

Dites à tante Agathe, si elle est encore souffrante, de m'attendre avec patience : je la guérirai dans les vingt-quatre heures selon ma bonne habitude. Adieu : à bientôt donc des nouvelles de tout le monde : un gros paquet.

Ed. Bour.

Au bas de cette lettre le cousin Eugène Bour d'Amsterdam, qui voyageait avec Edmond Bour, avait écrit les lignes suivantes :

— *P.-S.* Ton mauvais sujet de fils oublie de vous faire à tous mes amitiés. — C'est un garçon sans tête. Prépare pour toi, pour moi, pour lui, pour eux, ton 1832. (4) : Nous en voulons et nous en voulons beaucoup.

Eugène Bour.

---

(1) Terme comtois, employé dans le sens de grains de poussière, pour désigner la petite Anna, alors âgée de onze ans.
(2) Belle-mère du cousin Antoine Bour, comptable à Besançon.
(3) Emile Bour travaillait avec son père. Une *perruque* est une *taloche*.
(4) L'année 1832 avait produit du très bon vin.

N° 112. CLAUSTHAL, le 23 septembre 1858.

Cher papa,

Ta lettre est arrivée à Cologne après mon départ : heureusement le garçon de l'hôtel l'a dirigée sur Clausthal (1). Je quitte aujourd'hui cette dernière ville après avoir vu ce que je désirais.

Je ne crois pas t'avoir encore fait part du changement de mes plans. D'ici nous partons pour Magdeburg, Nuremberg, Munich, et de là nous filons à pied à travers le Tyrol jusqu'à Insprück.

Une fois là, nous regarderons autour de nous. A gauche Vienne, à droite la Suisse, devant nous Trieste, Venise et Milan ; enfin, rassure-toi : tous ces chemins convergeront vers Gray, où il me tarde de vous embrasser.

Il paraît que vous avez fait aussi un joli voyage à Chaumont : quant à Langres, ce que je vous en avais dit n'était pas au-dessus de la réalité. Pour moi, il n'est pas probable, avec mes nouveaux plans, que je revienne par Metz et Chaumont ; mais avec des vagabonds comme nous, il ne faut jurer de rien.

Puisque Ferdinand a déjà demandé cinq francs à Félix, cela me fait supposer que la pièce de deux cents francs est dépensée : aussi je lui en envoie un autre, et de plus un bon de dix francs sur mon banquier Félix, sans préjudice du crédit illimité qui subsiste toujours.

Ecris-moi hôtel de Bavière à Munich : écris courrier par courrier ou à peu près, pour éviter la même chose qu'à Cologne. En attendant, je vous embrasse de tout mon cœur.

ED. BOUR.

P. S. de la main du cousin Eugène :

Mon cher ami,

C'est par pure distraction que je t'ai écrit dernièrement en hollandais : aussi je comprends parfaitement que je te doive une traduction, que voici : *Graisse les clefs de la cave.* Nous continuons à jouir du beau temps et de notre bonne humeur : dans une quinzaine de jours nous serons en Franche-Comté.

Fais mille amitiés à ta femme et tes enfants.

Crois-moi tout dévoué. Eugène BOUR.

P. S. — Edmond est la plus belle fourchette de France et de Navarre.

---

(1) Ou Klausthal, dans la région minière du massif du Harz.

Edmond Bour revint assez souffrant de cette excursion en Allemagne. Son camarade Massieu lui offrit de le remplacer quelque temps (19 novembre 1858), et cette offre fut agréée. Une rechute survint.

Il y a ici une nouvelle lacune dans la correspondance. Quand M. Félix Bour eut rejoint à Paris son frère, toujours surchargé de travail, ce fut lui qui, pendant trois années, écrivit à leurs parents.

Le jeune mathématicien tenait beaucoup à quitter Saint-Etienne ; mais il avait trop de fierté pour faire des démarches qu'il jugeait humiliantes.

Le 10 novembre 1859, M. Mannheim, répétiteur adjoint à l'Ecole polytechnique, lui écrivit :

... Dans le cas où une place d'examinateur pour l'admission à l'Ecole viendrait à être vacante, vous mettriez-vous sur les rangs ? Je ne vous pose cette question maintenant, que pour pouvoir agir aussitôt pour vous dès que la chose sera possible ».

Edmond Bour répondit :

Extrait d'une lettre d'Edmond Bour a M. Mannheim.

Gray, le 22 novembre 1859...

... Je suis dans tout le feu de la composition, j'enroule, je déroule, la tête échevelée et les papiers en désordre...

Quant à faire une demande, *satis una superque* (1). J'ai déjà reçu assez de soufflets, sans en chercher de nouveaux. D'ailleurs, loin de pouvoir faire une demande, je ne suis pas même assez grand garçon pour avoir le droit d'accepter sans en demander l'autorisation à mon ministre. Car je ne puis me brouiller avec Son Excellence des travaux forcés ; et si cette nomination m'arrive malgré l'absence de toute démarche de ma part, je serai bien obligé d'aller demander à mon ministre l'autorisation de l'accepter. Pour vous, qui ne dépendez que d'un ministre, la chose est beaucoup plus simple. Comme conclusion, je suis bien décidé à ne faire aucune démarche.

Quant à vous, je ne sais comment vous remercier de l'empressement que vous mettez à me rendre service. Croyez-le bien, au milieu de toutes les turpitudes que j'ai foulées au pied depuis le peu de temps que j'ai commencé à entrer dans la vie,

---

(1) Assez et trop d'une (citation de Virgile).

c'est un plaisir bien grand pour moi que de rencontrer quelques personnes qui reposent le cœur et la vue.

Puisque cette métaphore de bourbier (sans calembour) se rencontre sous ma plume, j'y reste ; et après avoir serré avec effusion la main secourable que vous me tendez, je la lâche et à la grâce de Dieu.

Votre ami reconnaissant et dévoué.

Ed. Bour (1).

Le 23 novembre, M. Mannheim insistait en ces termes :

« ... En vous présentant, vous ne faites pas une démarche, vous ne faites qu'une demande, qui vient dire officiellement ce que tout le monde sait, puisque j'ai dit à qui veut l'entendre : « Bour se met sur les rangs », c'est-à-dire que vous restez conséquent avec vous-même, et que vous ne me mettez pas dans une fausse position. On pourrait très bien croire que je n'ai dit très haut : « Bour se présentera » que pour empêcher certains candidats de se mettre sur les rangs.

Le colonel Riffault m'a encore dit tout à l'heure en parlant de vous : « Il n'a pas de démarches à faire : il est assez connu : qu'il se présente et il est certain d'être nommé. Mais il faut qu'il se présente, il faut qu'on sache à l'avance s'il acceptera... »

... Moi, j'ai fait pour vous toutes les démarches. J'ai parlé à M. Bertrand, à M. de La Gournerie, au général Eblé. J'ai prévenu ce dernier que je ne mettrais pas sur les rangs, puisque vous voulez la place de titulaire ».

M. Mannheim ajouta même que M. Bertrand était fâché et reprochait à Edmond Bour son découragement. M. Lax joignit ses instances à celles de M. Mannheim.

Voici la réponse d'Edmond Bour :

GRAY, le 26 novembre 1859.

Mon cher Mannheim,

Je viens de relire la scène où Coriolan montre ses blessures aux portefaix de Rome pour obtenir le consulat. Je n'ai point eu le courage de rouvrir les miennes pour les étaler à la vue, etc... Je ne sais ce que je dis : quelle comparaison allais-je établir ? Je quitte donc le cothurne pour vous dire en pantoufles que j'adresse par le même courrier une demande pure et simple au général.

Quant à aller à Paris, je ne partirai que sur le reçu de ma nomination signée du ministre. J'ai démontré expérimentalement qu'en dépit du théorème de je ne sais plus quel Bernouilli (2), toutes les fois que j'ai eu quelques chances pour moi, c'est toujours la centième qui est sortie du sac.

(1) Communiqué par M. Mannheim.
(2) Célèbre mathématicien, originaire de Bâle.

Tout cela m'arrive on ne peut plus mal en ce moment : je suis excessivement occupé par mes recherches sur les surfaces ; les tracas d'un voyage, d'un déménagement, d'une installation, vont briser le fil que j'ourdissais avec tant de peine.

Ma lettre ne m'engage pas davantage que la simple promesse que je vous avais faite. Il est clair que le droit à la démission est imprescriptible et qu'on ne me forcera pas à faire mes colles entre deux gendarmes. Ce que je vois de plus fâcheux dans tout cela, c'est que j'abandonne une excellente place pour quoi ? Puissé-je ne pas me trouver entre deux selles !

Il est bien entendu que toutes ces boutades ne sont dirigées que contre moi, que je suis toujours infiniment sensible à vos procédés envers moi. Mais vous savez (bon mot militaire) que la confiance est comme la bataille de... ça se gagne, mais ça ne se commande pas... (1).

De son côté, M. de Sénarmont, autre protecteur toujours bienveillant, lui adressa cet épître pressante :

Mon cher camarade,

Je sors de l'Ecole polytechnique, où on attend une demande de vous pour la candidature à la place de répétiteur de descriptive. Il n'y a pas à hésiter : envoyez-la poste pour poste. On tâchera de vous faire ici un nid à l'Ecole des Mines ; mais il ne faut pas l'attendre : il faut donner un peu à l'imprévu et ne pas perdre une occasion que vous ne retrouverez plus.

Ainsi, pas d'hésitation : écrivez de suite au général et venez : c'est l'opinion unanime de tous ceux qui vous portent intérêt, de Bertrand, de Combes, de moi, etc. ; votre nomination à l'Ecole ira comme sur des roulettes. Mais pas de tergiversations : prenez votre poste de suite, et que la lettre parte par le retour du courrier.

Tout à vous.   De Sénarmont (2).

M. Mannheim recevait alors la lettre suivante :

Gray, le 3 décembre 1859.

Mon cher Mannheim,

Je reprends la série interrompue malgré un rhume de cerveau que j'ai attrapé pour avoir *Milne Ednhors* (3) par le froid. Il y a huit jours, je recevais en même temps de vous et de M. (de) Sénarmont des lettres pressantes. Il est trop tard !

---

(1) Bon mot attribué à Villemain, sur Napoléon III, et Solférino.

(2) « Je tiens d'un des membres du Conseil de perfectionnement, dit M. de Chardonnet, que ce Conseil, composé d'hommes si éminents, avait regardé comme un honneur pour l'Ecole d'y appeler un mathématicien de cette valeur ».

(3) Jeu de mots : allusion au nom du naturaliste Milne-Edwards qui se prononce Milne *Edehors*. (Communiqué par M. Mannheim).

et ma demande était déjà partie. Depuis, rien à rien, cela veut dire beaucoup.

Vous savez que la place que *j'ai demandée* me souriait assez peu, de sorte qu'un échec me sera très peu pénible ; au contraire, il me procurera l'une des plus grandes jouissances qui aient été données à l'homme sur cette terre, celle d'avoir eu raison contre tout le monde.

Mais ce qui m'est souverainement désagréable, c'est cette incertitude, qui me rappelle l'histoire de 1856, et qui me gêne infiniment dans tous mes mouvements. Pour en revenir à 1856, après plusieurs lettres que je vous montrerai et qui m'assuraient que ma nomination était infaillible comme le pape, personne ne m'a rendu le service de m'apprendre que j'avais échoué.

Vous m'avez donné assez de preuves d'une amitié qui me sera toujours bien précieuse pour que je réclame de vous le service de m'avertir de ce qui s'est passé. Je sais que cette mission, désagréable pour tout le monde, le sera encore plus particulièrement pour vous à cause de votre position spéciale ; mais j'aime à croire que vous ne me prêtez point d'idées tout à fait indignes d'un homme de cœur après tout ce que vous avez fait en ma faveur. Les concurrents comme vous sont rares ; c'est pour cela que vous m'êtes si cher d'après le principe : ce qui est rare est cher...

Le 12 décembre 1859, Edmond Bour fut nommé répétiteur du cours de géométrie descriptive à l'École polytechnique, en remplacement de M. de Peyronny. Le 28 mars 1860, on le nomma professeur du cours préparatoire de géométrie descriptive pour les élèves externes : mais il ne dut prendre possession de ses fonctions nouvelles qu'à l'ouverture de l'année scolaire suivante. Le 30 de ce mois, on lui confia en outre pour la même époque le cours préparatoire de géométrie descriptive à l'École des Mines.

Sa correspondance reprend en juin 1860.

EXTRAIT D'UNE LETTRE D'EDMOND BOUR A M. MANNHEIM

GRAY, le 10 juin 1860.

Mon cher ami,

Il ne m'a pas été difficile de pénétrer vos *dessins cachés,* quoique je ne les corrige pas. Vous ne me demandez une réponse immédiate que pour me prendre au dépourvu et ne pas me laisser le temps de préparer quelque chose de digne de celui que vous m'adressez. Le fait est qu'il est très bien. Après cela, *Paul, i n'y a qu'à* se taire (1).

Quant aux *fonctions* que vous m'offrez, quoi qu'elles soient simplement périodiques (au moins les trigonométriques), je les soupçonne fort de jouir surtout de la période imaginaire ; et je me compromettrais sans doute très peu en les acceptant. Cependant je crois qu'on fera aussi bien de ne pas compter sur moi, parce que, s'il devait y avoir de la besogne assurée, je tirerais mes plans en conséquence, tandis que dans cette incer·titude et avec mon caractère volage, il est très possible que je sois au bout du monde quand on aura besoin de moi....

La *pioche* n'avance pas : je retourne ma solution de tous les côtés sans apercevoir le bon. Le courage et la confiance ne reviennent pas facilement. Je signerais toujours de grand cœur un engagement pour le pôle sud ou les îles du Kamtchatka......

N° **113.**   PARIS, le 17 mars 1860.

    Cher papa,

Comme les saints sont habitués à faire des miracles, tu ne t'étonneras pas de recevoir de ma prose ; il faut attribuer cela à Dieu par l'intercession de saint Joseph. Nous nous joignons tous, pauvres exilés (2), au reste de la famille pour te souhaiter une bonne fête et pour t'embrasser de tout notre cœur.

                                       ED. BOUR.

N° **114.**   Paris, le 29 mai 1860.

    Cher papa,

Si je ne t'ai pas parlé de mon mémoire, c'est qu'il n'y avait rien de bon à t'en dire. Il y a quelques jours seulement, j'ai fait un grand pas en arrière, car tout ce que je trouve de nouveau me recule de plus en plus. Je crois que cela décidera la partie, s'il est bien ou s'il est mal. Je travaille toujours avec peu de courage, et compte aller vous voir ces jours-ci. En attendant, j'autorise Ferdinand, dont je suis excessivement content, à faire un emprunt de ce qu'il voudra : je lui ouvre un crédit illimité. Tous mes amis l'aiment beaucoup et se promettent de le *coller* quand il sera à Paris, mais quand ?

Adieu, chers parents : je reprends la pioche, car je suis en bonne voie.

A quinze jours, je pense.   ED. BOUR.

---

(2) Jeu de mots : allusion à un officier, M. de Polignac, mathématicien.
(1) Félix Bour était alors à Paris, avec son frère, depuis le 13 janvier.

Sur la recommandation de M. Heurtier, conseiller d'Etat, ami de M. Lax, Edmond Bour fit un voyage à Batna pour l'observation de l'éclipse totale du soleil du 18 juillet 1860. La commission se composait de MM. Laussedat, Salicis, Mannheim, Bour et Girard. Leurs notes furent analysées dans les comptes rendus de l'Académie des Sciences.

Les lettres suivantes se rapportent à cette excursion :

N° **115**. PARIS, le 26 juin 1860.

Cher papa et chère maman,

Suivant votre désir, je vous écris deux mots au moment de m'embarquer. Ne soyez pas trop inquiets et ne voyez rien de trop noir : au lieu de noyer mon chagrin, je vais le sécher au soleil, voilà tout. Je suis muni de tout ce qu'il faut pour bien résister au climat pendant le peu de temps que j'ai à passer là. Quant à la question des frais, papa ne m'a pas fait venir à Paris pour y devenir millionnaire, mais pour travailler et faire de la science : je saisis une occasion unique, et tous mes protecteurs m'en font compliment.

Adieu donc, bon espoir et confiance dans la Providence ; je serai de retour à Paris dans les premiers d'août.

En attendant, souhaitez-moi un beau soleil pour mes expériences et pensez à moi quand vous verrez l'éclipse.

Votre enfant qui vous aime toujours quand même.

ED. BOUR (1).

———

N° **116**. PHILIPPEVILLE, le 1er juillet 1860.

Ma bonne mère,

Voici ma première traversée effectuée en quarante heures. Je t'en envoie le récit dûment collationné sur le livre de bord du capitaine Bruno.

A Marseille, le temps paraissait magnifique ; mais à peine sortis du port nous fûmes salués par une jolie brise de *noroua* (nord-ouest) qui nous fit mettre dessus toute la toile que nous

———

(1) Pour arriver à l'Institut, Edmond Bour avait compris qu'il lui fallait se faire connaître en qualité d'astronome.

Le gouvernement avait alloué vingt et un mille francs à Leverrier pour aller observer l'éclipse en Espagne : Edmond Bour ne reçut pas de subsides.

avions à bord. C'était d'ailleurs peu de chose, mâture de goëlette avec un seul foc et pas le moindre cakatoua (1). A peine eut-on largué l'artimon (2) qu'un fort roulis s'ensuivit et la tragi-comédie du mal de mer commença. Notre chef, capitaine Laussedat, fut affreusement malade ; Mannheim piqua philosophiquement son renard, et moi, après avoir lutté tant que je le pus, je suivis paisiblement son exemple. Il n'y avait plus moyen de tenir debout ; je m'assis sur une glaine de filin ; (3) interrompant de temps en temps ma conversation par une petite promenade à la poupe, dont tu devines le but.

On sonne la soupe : trois nous descendons. Après le potage Mannheim disparaît discrètement ; après le bœuf, notre vieux loup de mer Salicis éprouve lui-même le besoin d'aller renouer connaissance avec la mer : je tiens jusqu'à la poule au riz, mais après !!! On se retrouve sur le quai aussi gais que jamais ; chacun nous félicitant de notre bonne contenance : j'y reste jusqu'à onze heures.

Le lendemain, le vent avait tourné *nordotin* (nord-est) et je m'aperçois avec terreur que notre petit perroquet était à moitié déralingué (4). Mais la mer était si belle, la brise si ronde, que je fis honneur aux deux repas du bord. L'épreuve était finie, j'étais amariné.

Le lendemain, à mon réveil, quatre heures, j'étais à Stora ; une embarcation me conduisit à Philippeville, où il n'y a pas de port. Un robuste nègre me prit sur ses épaules et me jeta sur la plage (5).

J'ai vu ici Philippe Gelez (6), qui se porte très bien et est enchanté de sa position. J'ai vu aussi Gay, ingénieur des ponts. J'en aurais encore long à vous dire, mais je suis très pressé ; la poste ne part que tous les huit jours ; je continuerai à Constantine. Ecrivez à Félix.

CONSTANTINE, 2 juillet.

Nous n'avons fait que toucher barre à Russicada, aujourd'hui Philippeville. Nous voici à Constantine. J'ai passé la nuit sur une impériale, accoutré ainsi : caleçon de laine, gros pantalon, chemise de flanelle, gilet vert croisé, paletot sur les

---

(1) *Goëlette*, navire léger à deux mâts ; *foc*, voile triangulaire à l'avant, entre le mât de misaine et celui de beaupré ; *cacatois*, voile légère gréée sur un petit mât au-dessus du mât de perroquet.
(2) Mât placé près de l'arrière.
(3) Câble mince enroulé
(4) La relingue est une corde cousue en ourlet autour d'une voile.
(5) Le port a été amélioré.
(6) Philippe Gelez, de Gray, devint lieutenant-colonel. Il était fils d'un colonel et frère de la mère du général d'artillerie Abel Jouart.

genoux avec un foulard sur les *écubiers* (1). Nous sommes logés en plein beraskia *(bazar)*, hôtel d'Orient, dans une charmante maison mauresque, où l'on se perd. J'ai couru toute la journée. Il y a quelques nuits que nous ne savons ce que c'est qu'un lit ; nous faisons séjour ici pour essayer de nous y réaccoutumer. Je vais me livrer aux délices du bain maure : vous en aurez des nouvelles, car demain mardi est jour de courrier : comptez sur une lettre tous les huit jours, mais écrite en plusieurs morceaux.

3 juillet.

Impossible de vous donner même une idée de tout ce que j'ai fait et vu. Le courrier va partir. Adieu. Je regrette de ne pas pouvoir planter ma tente par ici, et je ne sais comment je me retrouverai en France, quand j'aurai vu surtout Biskra (45 degrés à l'ombre), et que j'y aurai fait des observations en plein soleil.

Adieu donc : départ pour Batna. Les transports sont ce qu'il y a de moins gai : c'est même affreux d'être en voiture par des chemins pareils avec nos instruments délicats.

Je vous embrasse de tout mon cœur.

Ed. Bour.

N° 117. Batna, 7 juillet 1860.

.... Nous avons quitté Constantine le 5 au soir seulement, et (sommes) arrivés à Batna le 6 au matin. Nous nous sommes décidés à rester à proximité de cette ville. Ainsi le Ksour est abandonné (2). Ce qu'il y a de plus ancien à Batna, c'est que c'est une ville aussi européenne que Constantine est arabe ; et, chose extraordinaire, en plein désert, les fontaines coulent constamment et l'eau court dans les rues comme à Dijon. Quand je dis en plein désert, ce n'est pas exact, car nous avons des montagnes autour de nous, et nos eaux vont à la Méditerranée. A cinq kilomètres est la ligne de partage, et plus loin les eaux vont se perdre dans le désert. Si nous allons nous promener à Biskra, nous serons cette fois en plein désert, avec l'horizon sans bornes de la mer de sable.

J'ai été mis en réquisition pour la géologie et les mines, ce qui me prend mes journées comme l'astronomie me prend mes

---

(1) Yeux (trous percés à l'avant d'un navire pour passer les câbles ou les chaînes).
(2) Ksour signifie fort.

nuits. J'ai à peine le temps de t'écrire. Réponds-moi tous les mercredis sans faute.

Notre établissement est aujourd'hui installé, si la première nuit a été passée en plein air, nous avions pour la deuxième une baraque confortable avec deux *tantes* (ce qui pourrait amener des *cousins*) : il reste encore à bâtir une baraque et un gourbi. Ce sera une petite ville, comme tu vois. Batna est à dix kilomètres de Lambessa, ville romaine très importante dont nous irons voir les ruines. Pour te donner une idée des distances dans ce pays, représente-toi d'abord vingt-cinq lieues de Philippeville à Constantine, et trente de Constantine à Batna. Eh bien, nous avons une caserne avec garnison à Tuggurt, cent lieues plus au sud ; enfin on s'est avancé jusqu'à Ouargla, quarante lieues encore.

J'attends impatiemment après-demain les premières nouvelles de France.

Je suis véritablement surchargé, car j'ai encore tous les calculs, qui m'ont été décernés de droit. Je ne puis prévoir le retour ; je crains un grand retard. Je *tâcherai moyen* de me séparer de l'expédition pour revenir vers le 12 août, (etc).

Ed. Bour.

N° **118.** Batna, le 7 juillet 1860.

Cher papa,

Tout va bien ; mais j'ai beaucoup d'ouvrage. J'écris à Félix une lettre détaillée ; je passe les nuits à observer, les jours à faire de la géologie : le terrain est celui de Velleclaire (1). Nous sommes parfaitement reçus partout ; nous campons près de Batna, de sorte que nous pouvons rentrer coucher au fort. Ainsi nous ne manquons de rien.

Le courrier part demain ; j'ajouterai quelque chose si j'ai le temps. Félix pourra vous envoyer une lettre.

Adieu, cher papa et chère maman : à huit jours.

Ed. Bour.

N° **119.** Batna, le 14 juillet 1860.

Cher papa,

J'ai reçu ta lettre avec bien du plaisir. Le passage qui nous a le plus amusés est celui qui est relatif à la *cuisine bédouine*.

---

(1) Village du canton de Gy, à 20 kilomètres de Gray.

Nous étions précisément à table en face d'un excellent déjeûner, en souhaitant un pareil à beaucoup de Français.

Jusqu'ici je suis donc assez peu content de mon voyage : ce n'était vraiment pas la peine de venir aussi loin pour trouver à Batna une ville aussi française.

Mais, vienne le 19, nous partons en caravane pour le désert et autres lieux circonvoisins : il me tarde de voir le pays des palmiers.

J'ai déjà récolté une grande quantité de fossiles : j'écris deux mots à Pierre Revon et je lui annonce que j'expédierai une caisse des plus curieuses à M. le maire de Gray. On m'en a aussi rapporté du désert ; avec ceux que j'y joindrai moi-même, cela fera une collection intéressante et à peu près unique. J'ai aussi fait une visite intéressante à la belle ville romaine de Lambèse (*falso* Lambessa), où j'ai vu une profusion de mosaïques, de statues, de tombeaux, etc. ; nous y retournons demain. De l'autre côté de Batna est une superbe forêt de cèdres : là on est transporté en pleine Suisse. Le jeune cèdre ressemble au sapin ; puis au lieu de la cime pointue il étale ses grands bras en éventail ; enfin il meurt et forme des fouillis de toute espèce qui donnent sur une petite étendue une idée des forêts vierges de l'Amérique. A propos de cèdres, c'est le seul bois de construction du pays : tout est en cèdre. Ce bois a une odeur très forte qui, dit-on, éloigne les puces et punaises. Le fait est que sous ce rapport le midi de la France aurait beaucoup à nous envier....

Contrairement à ce qu'on était en droit d'espérer, nous ne sommes pas sans inquiétude relativement à l'éclipse. Nous avons déjà eu trois nuits de mauvaises (lisez bonnes si vous voulez), et à ce moment encore nous avons des nuages en quantité. La température est de quatorze degrés la nuit, trente-six le jour. Cela n'est pas énorme.

Adieu, cher papa et chère maman : la santé est toujours excellente. J'attends le mardi avec impatience pour avoir de vos nouvelles.

A je ne sais quand ! Je vous embrasse de tout mon cœur.

Ed. Bour.

15 juillet.

Rien de nouveau. La grande caravane est fixée au 19. Les camarades vont en diligence. Moi, naturellement, j'y vais à cheval pour rapporter des fossiles. J'ai déjà des échantillons curieux au dernier degré. Je pense que six jours suffiront pour l'excursion au pays des palmiers. Alors nous pourrons partir le 28 pour Alger. Mais la part de l'imprévu est énorme.

Ed. Bour.

9

Nº 120. BATNA, le 17 juillet 1860.

Chers parents,

C'est demain l'éclipse : comme je pars de suite et que même mes bagages filent avant, je ne pourrai pas vous dire grand'-chose : seulement succès ou échec. En ce moment, le temps est toujours couvert.

La petite colonne qui m'accompagne se compose de deux capitaines du génie, trois hommes d'escorte, un cuisinier, des mulets et leur conducteur, deux tentes, des lits de cantine, etc.. Rien n'y manque. J'espère pouvoir partir le 28 pour Alger, toujours avec Mannheim. A demain.

ED. BOUR.

18...

Succès complet, malgré les nuages qui ne nous ont pas quittés, mais qui ne nous ont pas caché le plus petit détail du phénomène. Chacun est émerveillé de ce phénomène. Demain, départ à quatre heures et demie du matin.

Adieu, je vous apporterai peut-être le pied en bois de cèdre que j'ai fabriqué pour mon instrument.

Maintenant les grandes aventures vont commencer.

Je vous embrasse derechef.

ED. BOUR.

Nº 121. MARSEILLE, le 9 août 1860.

Cher papa,

J'arrive à l'instant à Marseille, après un voyage qui n'a été qu'une succession de ravissements. Je retourne droit à Paris. Je vous embrasse de tout mon cœur.

ED. BOUR.

P. S. — J'ai reçu le courrier à Alger.

Membre de la Société philomatique depuis le 7 avril de la même année, il lui communiqua plusieurs notes savantes, entre autres, sur la composition des rotations et sur les cônes circulaires roulants.

Le 2 mars 1861, par décision impériale, il fut nommé professeur de mécanique à l'École polytechnique, en remplacement de M. Bélanger, avec un traitement de 5.000 francs.

Encouragé par M. Bertrand, le jeune savant concourut pour le grand prix de mathématiques de l'Académie des sciences, sur la théorie des surfaces applicables. Son mémoire, inscrit sous le n° I, portait cette épigraphe : Je plie et ne romps pas. *Son labeur eut la récompense qu'il méritait : le 25 mars 1861, Edmond Bour, sur la lecture d'un rapport de M. Bertrand, reçut le grand prix de mathématiques.*

« Le grand prix de mathématiques de l'Institut, dit M. de Chardonnet, est décerné rarement, et ne l'avait pas été depuis plusieurs années, car on ne peut l'obtenir qu'en faisant avancer une de ces questions importantes contre lesquelles sont venus échouer les efforts des plus habiles géomètres. Il s'agissait ici d'étudier les surfaces qui sont applicables l'une sur l'autre sans déchirure ni duplicature. On sait qu'une surface courbe peut toujours être remplacée par une surface polyédrale à facettes planes infiniment petites et en nombre infini, qui se confond avec elle à la limite. On conçoit alors que les facettes puissent tourner autour de leurs arêtes, et que les angles formés par leur plans, ou la courbure de la surface, varient à condition que les facettes voisines changent aussi de position, de telle sorte que les charnières ne soient pas arrachées et qu'un seul côté ne se replie pas sur l'autre ; la nouvelle surface ainsi obtenue pourra évidemment revenir s'appliquer sur la première. Écrire la condition commune à toutes les surfaces formées par un même assemblage de facettes, c'est poser les équations différentielles des surfaces applicables l'une sur l'autre. Bour y est arrivé ; il a, de plus, intégré ces équations dans le cas de toutes les surfaces de révolution, et démontré par là que toute surface hélicoïdale est applicable sur une surface de révolution. Ce mémoire marque un progrès important dans l'histoire du calcul intégral. »

«... Je lui ai entendu dire, ajoute M. de Chardonnet, qu'il avait trouvé en quelques heures le moyen de résoudre la question proposée pour le grand prix, mais que les calculs lui avaient coûté deux années d'application, et qu'il y travaillait encore la dernière nuit avant le terme fixé par le programme »

«... Il ramena les équations du mouvement relatif à la forme donnée par Lagrange pour celles qui expriment le mouvement absolu, et les intégra de la même manière. Il est arrivé par le calcul au théorème suivant : Tout corps pesant décrit une parabole dont le plan tourne autour d'un axe parallèle à l'axe du monde et qui en est distinct, avec une vitesse égale et contraire à celle de la terre. Ce travail est venu prendre sa place dans les théories de la mécanique analytique. » (1).

M. Liouville apprécie ainsi un exposé qu'Edmond Bour fit de son mémoire à la séance du cinq mars 1862 : « Dans les pages trop peu nombreuses insérées aux comptes rendus, chaque mot est une idée. J'ai donc eu le bonheur de voir

---

(1) Voir : « *Théorie de la déformation des surfaces* (Journal de l'École polytechnique, 39ᵉ cahier) ; *Mémoire sur l'intégration des équations différentielles partielles du premier et du second ordre* (ib. 1862).

M. Bour répondre entièrement à ce que j'annonçais de lui, comme rapporteur d'un premier travail présenté à l'Académie des sciences en 1855. Désormais M. Bour a son rang fixé près des maîtres. Il ne s'agit plus d'un jeune homme donnant des espérances, mais d'un grand géomètre qui a tenu les promesses brillantes de sa jeunesse. »

« M. Liouville, dit la *Grande Encyclopédie*, ne craignait pas de dire que le travail du lauréat pourrait être pris pour un beau mémoire de Lagrange. Parmi les résultats obtenus, nous citerons seulement les suivants : on peut toujours déformer une surface gauche de manière à rendre les génératrices parallèles au cône donné, et par suite, parallèles à un plan. — Sur une surface de révolution quelconque, on peut toujours appliquer un certain hélicoïde à profil courbe. — Dans toute surface minima provenant de la déformation d'une surface de révolution, les lignes de courbure sont coupées sous un angle constant par une même ligne géodésique, transformée d'un des méridiens ; les lignes de niveau sont aussi coupées sous un même angle par une ligne géodésique...»

Le cinq octobre 1861, M. Mannheim écrivait à Edmond Bour, au sujet de son cours sténographié:

« Lamé (1) étant à son fauteuil, à l'Académie, me fit signe du doigt : j'ai tout de suite pensé qu'il s'agissait de vous : il n'en était rien, il m'annonça l'arrivée de son fils l'artilleur. Je promis une visite pour le lendemain mardi ; et c'est pendant cette visite que le *grand Lamé* me fit le petit discours suivant : « Je regrette qu'on ait sténographié le cours de Bour, parce qu'il y a trop à lire, et je suis paresseux ; mais d'un autre côté je suis très satisfait du développement donné à l'ensemble, parce que c'est *un bon cours*. Le meilleur éloge à donner à Bour, c'est qu'il a été compris des élèves, qui ont bien répondu à mes examens. J'ai surtout été très content d'Aubry, Matrot et Genty, Aubry a répondu parfaitement à la question suivante : Parlez-moi de l'ensemble du cours ; faites une sorte de révision. — Aubry a mieux répondu que je n'aurais su le faire : je lui ai donné une bonne note, mais la meilleure note dans ce cas est pour le professeur, car l'élève n'a sûrement pas eu le temps d'approfondir tout ce qu'il m'a développé. Je dirai un jour à Bour tout ce que je vous dis là, et je lui ferai des critiques sur *un point*. Il a mis dans les feuilles un tableau qu'il n'a pas donné au cours ; je veux parler du tableau des moteurs animés. A mon avis il a eu tort de mettre l'homme sur cette liste. L'homme n'est pas fort par sa force. C'était le cas de faire une digression, comme il sait si bien les faire, sur l'intelligence de l'homme, cette grande force qui est toute sa force. L'autre est un infiniment petit, qui place l'homme après maître Aliboron. Ce n'est pas

---

(1) L'excellent père Lamé, qui créa la physique mathématique, et terminait toujours son cours par ce calembour naïf, d'un ton plein de bonhomie : « Ne dites pas en me quittant : *Lamé, ta physique* m'embête. » Devenu sourd et examinateur de sortie, Lamé ne manquait jamais d'embrasser, au nom de l'Ecole, le premier et le dernier élève qu'il interrogeait.
(Art. de Gustave Maroteau. *La Rue*, n° 22).

gracieux de mettre l'homme après maître Aliboron ; il vaut donc mieux rejeter l'homme de la liste des moteurs animés. »

Et voilà à peu près tout ce qu'il m'a dit. J'espère que vous voilà satisfait. Lamé vous critique sur ce point, et encore quel point ! Au point de vue historique on peut parler de l'homme comme moteur animé : donc vous n'avez pas eu un bien grand tort.

Lorsqu'il a commencé par la phrase que vous savez, j'ai cru à une grande critique, et puis pas du tout : c'était pour faire peur et faire des éloges. Il m'a dit cela avec la voix tremblante que vous lui connaissez... »

Biot est malade : à cet âge-là un homme malade est un homme mort. Parlons comme si ce vénérable n'était plus : c'est mal, ce n'est pas *biot*, mais il faut voir ou penser à l'avenir. Il laisse des places vacantes : quatre places vacantes. Il y a un certain fauteuil auquel il faut songer. Vous êtes coiffé du bonnet de professeur, et le concurrent de Serres (à l'élection dernière) n'est pas *aussi en bonnet*. De plus, sur cet Ossian-Bonnet, vous avez l'avantage du prix. Donc je vois la chose marcher comme si c'était fait.

Je n'ai peut-être pas le flair exact à cause des boutons. Pourtant réfléchissez bien et vous verrez que celui qui vous a donné le cadeau que vous avez vous a donné sa voix posthume et par cela seul vous a nommé pour lui succéder. D'après votre réponse, on pourra braquer des batteries : en ma qualité d'artilleur, je demande la permission de pointer... »

Cette lettre démontre qu'Edmond Bour fut poussé par son collègue et ami M. Mannheim à briguer la succession de M. Biot.

Mais M. Bertrand soutint la candidature d'un savant plus âgé, M. Ossian-Bonnet, qui fut élu par vingt-neuf voix sur cinquante-sept votants : Edmond Bour et M. Blanchet obtinrent chacun quatorze suffrages.

Vivement affecté par cet échec, le premier qu'il eût subi, Edmond Bour fut tellement accablé par le chagrin qu'il tomba malade et qu'il donna sa démission de professeur à l'Ecole des Mines.

Charles Combes (1) lui écrivit, le 27 avril 1862 :

Monsieur et cher camarade,

Votre lettre, que j'ai trouvée à mon retour de voyage, m'a causé un pénible mouvement de surprise, en m'apprenant à la fois votre indisposition subite et votre projet, que je ne soupçonnais pas, de résigner définitivement vos fonctions à l'Ecole des Mines. J'espère que votre malaise, occasionné vraisemblablement par un excès de travail, et le désappointement que vous a fait éprouver un in-

____

(1) Professeur d'exploitation à l'Ecole des Mines, membre de l'Académie des sciences depuis 1847 (1801-1874).

succès que, malgré l'éclat de votre mérite, l'ensemble des circonstances laissait aisément prévoir, est déjà ou sera bientôt dissipé. La discussion vous a certainement encore réhaussé dans l'opinion des savants capables de vous lire et vous a fait connaître de ceux qui sont les plus étrangers aux mathématiques. Au fond, vous ne sortez pas de la lutte amoindri et votre élection immédiate n'aurait ajouté ni un *i* à votre talent, ni l'épaisseur d'un cheveu à votre taille. Quelques jours de calme et de réflexion auront certainement rendu le calme à votre esprit et la santé à votre machine.

Je pense qu'alors vous ne persisterez pas dans la résolution de quitter l'Ecole et de rompre ainsi les liens qui vous rattachent au corps des mines, où vous voulez bien reconnaître que vous avez trouvé des amis sincères et désireux de vous faire rendre justice. S'il est vrai (et je ne me permets pas d'en douter puisque vous le dites) que vous éprouviez quelque regret à quitter des fonctions qui ne manquaient pas d'un certain intérêt pour vous, pourquoi ne pas les conserver? Loin d'apercevoir aucune incompatibilité entre elles et la chaire de l'Ecole polytechnique, je n'y vois que des convenances, soit en raison de l'analogie des matières de l'enseignement, soit en raison des époques des cours et de l'attribution de votre temps. Je me suis donc bien gardé de rien faire en vue de votre remplacement définitif, et j'ai été, en cela, guidé uniquement par un sentiment d'intérêt pour vous.

Cependant je vous avouerai que votre persistance à vouloir vous écarter de nous mettrait l'administration de l'Ecole et moi en particulier dans une situation assez embarrassante. Je considère le choix de votre successeur comme devant offrir, quant à présent du moins, de très sérieuses difficultés, dans le détail desquelles je ne veux pas entrer ici. J'aime à croire que la considération du bien de l'Ecole et d'un service à me rendre personnellement pourra contribuer à vous faire changer de résolution et, attendant de vous une réponse prompte, conforme au désir que je vous exprime, je vous prie de recevoir l'assurance de mes sentiments les plus affectueux. »

Votre dévoué camarade,

Ch. Combes.

En 1863, Edmond Bour inséra un Mémoire sur le mouvement relatif *dans le* Journal de mathématiques. *« Il parvint, dit M. Résal, à étendre à la question des mouvements relatifs la méthode d'intégration due à Lagrange, pour les mouvements absolus : c'est maintenant un complément indispensable de la mécanique analytique.* (1) »

La même année, sur la demande de M. Carathéodory et de son ami M. Mannheim, Edmond Bour accepta d'aller faire une enquête pour le propriétaire d'une mine de cuivre située près de Smyrne.

---

(1) *La Franche-Comté*, 12-13 mars 1866.

Le voyage fut pour lui tout d'abord, pendant ses vacances, une distraction salutaire. Il paraît avoir repris sa bonne humeur ordinaire, d'après les lettres suivantes :

N° **122.** Thérapia (1), le 2 août 1863.

Chers parents,

Vous avez dû avoir de mes nouvelles depuis Marseille. Voici la suite. Je me suis embarqué sur l'*Euphrate*, le meilleur de tous nos paquebots : *il est anglais*. Jusqu'à Messine, temps très favorable ; j'ai pu voir cette ville tout à mon aise. Mais une fois embarqué, ce fut tout différent, le vent était directement contraire ; la mer très grosse, et nous avons dansé de toutes les manières. Cependant je n'ai pas eu du tout le mal de mer : il paraît que me voilà tout à fait marin. Imagine-toi qu'au moment où nous entrions à Messine, un bateau partait pour la France : une demi-heure plus tôt, j'aurais pu en profiter pour t'écrire : ici le premier bateau part jeudi. Jugeant que vous devez être inquiets, je vous adresse cette lettre par l'Autriche, vu qu'il y a demain un bateau pour Vienne : j'espère que cela fera gagner du temps.

Je reprends mon histoire. J'en étais à la mer assez grosse : mais c'est un plaisir de voir comment le bateau à vapeur se moque du vent et de la mer ; c'est une journée de retard, et voilà tout. Seulement, c'est horriblement fatigant, même quand on n'est pas malade. On ne couche plus dans des hamacs, mais dans des lits ordinaires assez étroits ; j'ai passé toute une nuit à me cramponner tantôt à droite, tantôt à gauche, pour ne pas être précipité.

Jeudi nous étions au Pirée : mais comme le bateau était en retard, nous avons eu le crève-cœur d'être à une demi-heure d'Athènes sans la voir. Nous avons eu juste le temps de prendre un bain au port de Munychie et un *mastic* après : c'est la liqueur nationale.

L'arrivée à Constantinople est tout ce qu'il y a de plus beau au monde. On commence à voir dans le lointain des espèces d'aiguilles (2), une ou deux casernes et une masse de pierres qui est l'église Sainte-Sophie ; puis tout cela se détache, se dessine ; et enfin, à la pointe du sérail, on jouit du plus beau point de vue possible. Je ne suis pas entré à Constantinople ; je suis monté de suite sur le bateau turc du Bosphore, et je suis venu coucher à Thérapia entre le palais du fils du sultan et celui des ambassadeurs de France et d'Angleterre. La route de Constan-

---

(1) Port situé au nord et près de Constantinople, sur le Bosphore.
(2) Les minarets des mosquées.

tinople à Thérapia est une suite de palais et de jardins magnifiques. La maison que j'habite n'est pas fort belle : elle est à
peine terminée ; ce qu'il y a de plus beau, ce sont les jardins et
une petite baraque qui donne sur la mer, où je me plonge tous
les matins comme un dévôt musulman.

Il y a très peu de Turcs en Turquie. Toute la population est
grecque. Je comprends quelques mots avec mes vieux souvenirs. Les femmes grecques sont magnifiques : elles ont toutes
de belles formes, de beaux cheveux et de beaux yeux ; de plus,
des toilettes d'une richesse et d'une fraîcheur charmante. Il y
en avait une sur le bateau qui était réellement superbe (pas le
bateau) ; et ce qui m'étonnait, c'est qu'avec une toilette comme
il n'y en a pas de pareille à Gray, elle couchait sur le pont avec
tous les voyous : il est vrai qu'elle avait des tapis, des oreillers,
des coussins, et qu'elle s'arrangeait là-dedans avec son mari et
son enfant. C'était très drôle à voir. Je ne sais pas comment
tout ce monde-là faisait quand la mer était si mauvaise, et
qu'elle couvrait le bateau à chaque vague.

Le seul danger véritable que nous ayions couru est le suivant, véritablement inoui dans les fastes de la marine. Imagine-
toi que nous avions à bord une cargaison de plus d'un millier
d'oiseaux plus beaux les uns que les autres : cygnes blancs et
noirs, paons, colibris, perroquets, cacatois, etc., etc. Or les
perroquets avaient retenu les commandements : *tribord*,
bâbord ; et une belle nuit, ils se sont mis à commander une
manœuvre impossible. Le timonier obéissait passivement, et
nous allions donner sur un écueil quand le commandant s'en
est aperçu.

Jusqu'ici, je ne me suis pas trop aperçu que les Grecs
méritassent la réputation que Virgile leur a faite : il faut attendre la fin. Nous partons mercredi pour les pays sauvages ; je
ne puis plus vous garantir de lettres, mais ne manquez pas de
m'écrire tous les vendredis.

Je vais demain à Constantinople, et je ferai la commission
de M. Lévy. Je t'ai dit que l'ambassadeur de France, lequel est
Franc-Comtois par parenthèse et s'appelle de Moustier (1), habite
le même village que moi : il a un petit vapeur à ses ordres, et
j'ai trouvé dessus un camarade, Hanriot, de Moissey, que nous
avons vu à Saint-Dié, et qui me charge de mille compliments
pour Louis Sirguey (2) : nous avons passé la soirée ensemble et
nous dînons demain idem.

---

(1) M. le marquis de Moustier, ancien représentant du Doubs, devint ministre
des affaires étrangères. Il eut pour successeur un autre Franc-Comtois, le comte
de Grammont, qui occupait le poste lors de la déclaration de guerre en 1870.

(2) Cousin d'Edmond Bour, élève de l'École normale supérieure, mort professeur de mathématiques au lycée de Chaumont.

Adieu, chers parents : je vous embrasse de tout mon cœur ; donnez-moi de vos nouvelles le plus souvent possible. Peut-être recevrez-vous une deuxième lettre par le même courrier ; celle-ci est de dimanche matin.

ED. BOUR.

N° **123.** MACARONE (samedi matin, 27 juillet-8 août.

Mes chers parents,

Je ne sais pas quand celle-ci partira : je la commence à tout hasard. Mercredi donc, j'ai quitté Constantinople et après une traversée magnifique j'ai couché jeudi soir à Mitylène, dans l'ancienne île de Lesbos, célèbre par les amours de Daphnis et Chloé. La ville est grande et riche, avec une église catholique latine, chose très rare en Orient. J'ai beaucoup étonné les Grecs par la façon expéditive dont j'ai fait mon lit. L'important est de s'isoler du sol, car les nuits sont aussi froides que les journées sont brûlantes. J'ai un petit lit de fer qui tient dans un sac gros comme ma cuisse et de soixante centimètres de long. Une fois déplié, c'est une toile élévée par un petit chevalet à quelques centimètres du sol : c'est tout ce qu'il faut. Je m'enveloppe le corps dans une couverture de laine, la tête dans un foulard de soie, et je dors comme un roi. « Pour le cas qu'un roi dorme mieux qu'un autre homme. Je pense au rebours, quant à moi ».

Hier vendredi matin, nous avons frété deux barques de pêcheurs et nous avons traversé le détroit qui sépare Mételin de l'Asie mineure. Nous avons pris terre à Macarone, point qui n'est point sur la carte : c'est le point le plus près de Pergame (1), pour où nous partons.

On est ici en pleine barbarie. Les hommes qui nous servent ne quittent jamais leur ceinture avec deux pistolets, un sabre turc et un nombre incalculable de couteaux-poignards, etc. Pour moi, je n'ai dans la mienne que deux marteaux et un revolver à six coups dont je viens de visiter les amorces.

Voilà pour les brigands. Quant aux autorités constituées, j'ai un firman du Grand Turc ordonnant à tous les chiens de chrétiens de me donner l'hospitalité à toute réquisition, et aux pachas de me faire fournir aux prix de la poste des chevaux, une escorte, etc.

Hier donc vendredi, c'était la fête au village voisin, Dikiti : c'était la sainte Paraskevi, mot grec qui signifie vendredi : je

---

(1) Ou Bergama.

croyais à un quiproquo, mais il paraît qu'il y a réellement une sainte de ce nom. Aussitôt, j'enfourche le *poulet d'Inde* et je vais à la fête accompagné de deux hommes. Il paraît que maintenant on peut se permettre une pareille imprudence. Cependant, en voyant une quinzaine d'hommes descendus de la montagne, il y a un sauve-qui-peut un instant à la fête. C'étaient des gendarmes, qui sont assez difficiles à distinguer de leur gibier (1).

Les danses ont repris ; mais ici ce sont seulement les garçons qui dansent. Sans exhiber mon firman, j'ai trouvé toutes les maisons ouvertes et j'ai bu un nombre impossible de verres de je ne sais quoi : vin, maske, raki, café, etc. Je m'écarte un moment de la fête, mon marteau à la main, et devine ce que j'ai découvert ? Les malheureux dansaient sur un volcan, ou du moins sur une magnifique coulée de laves, venant je ne sais d'où, car on n'a pas encore signalé de volcans éteints dans le pays. Je n'ai pas eu le temps de monter au volcan lui-même ; j'ai simplement suivi la coulée jusqu'à la nuit, par des chemins atroces où le cheval refusait à chaque instant d'avancer, et je suis rentré à Macarone à dix heures du soir, où j'ai fait le premier repas de la journée : un agneau rôti tout entier. J'ai pris un gigot pour ma part ; deux autres agneaux rôtissaient pour les hommes, embrochés dans de petits arbres ou grosses broches de bois grosses comme le bras d'un enfant.

Tout va bien, la santé est bonne, et le seul danger que j'aie couru est dans le bateau du Bosphore : une femme turque empâturée (2) dans ses manteaux a fait un faux pas et allait tomber la tête sur le bordage du bateau. J'ai eu l'imprudence de la retenir, et s'il n'y avait pas eu là cinq cents personnes, j'aurais été mis en pièces par les eunuques. Une autre fois je me suis bien promis de laisser tous les Turcs mâles et femelles aller au diable si c'était leur plaisir.

J'ai bien envie d'emmener des charpentiers turcs à Gray-la-Ville. En quinze jours on bâtit une maison à deux étages, trois chambres à chaque étage : c'est incroyable. L'autre jour, j'ai déjeûné chez un meunier nommé Pigeon, un ancien élève de Polytechnique, qui connaît beaucoup Port-sur-Saône et M. Galaire, le propriétaire du moulin Mariotte. Pendant le déjeûner on a construit le rez-de-chaussée d'un pavillon qu'il fait construire dans sa cour ; le soir on bâtira l'étage : le plus long, c'est la couverture. Je suis resté longtemps à voir travailler ces ouvriers primitifs. On serait bien fou de bâtir plus solidement :

---

(1) On sait que naguère il fallut employer des officiers européens pour organiser la trop fameuse gendarmerie de la Macédoine.
(2) Mot comtois.

car, chose impossible à croire, tout appartient de droit au sultan, qui prend les maisons qui lui plaisent. Toutes les ventes sont faites sous la condition du droit de propriété tel qu'il existe en Turquie. Je n'en finirais pas de vous raconter tout ce que j'ai fait et vu ici. Dimanche dernier, j'ai été à la musique à Buyuk Déré. Elle se fait au bord de la mer, et au lieu de se promener autour, on s'étend au fond de son caïq, et on se fait promener devant la musique ; l'important, c'est de diriger le caïq de manière à passer le plus près possible des jolies turquesses. J'en ai vu de charmantes, celles qui appartiennent au parti avancé, et qui ont des voiles si minces que cela ne cache rien du tout. J'aurais bien encore à vous raconter les canons de Constantinople, etc. Mais ce sera pour quand nous causerons. Quand ? Voilà le 8 août, et, sauf la découverte du volcan, qui ne rentre pas dans mon affaire, je n'ai pas encore commencé ce que j'étais venu faire. Que de temps perdu et forcé ! Il me tarde bien d'avoir de vos nouvelles. J'y compte tous les vendredis en dirigeant par Marseille, ou les jeudis pour être plus sûr. Quant à moi, voici la troisième lettre de cette semaine : seulement, je ne sais pour le moment comment vous la faire parvenir Il me semble que je cause un peu avec vous. La suite à plus tard.

Ed. Bour.

N° **124.** Feki Keui, dimanche soir.

Je suis donc parti samedi matin de Macarone dans l'ordre suivant 1° Captan Yani, le capitaine de ma garde particulière ; 2° Edmond Pacha (à quatre queues) général en chef de l'expédition ; 3° Rhasis, drogman et major général ; 4° Louca avec son domestique, beau-frère (pas le domestique) de Baltazi ; 5° mes trois gardes du corps. A la petite halte pour déjeûner, nous avons été rattrapés par quatre individus qui ont partagé nos provisions et grossi notre caravane. Une heure après nous voyions les fameux brigands. Ils étaient donc à une portée de fusil de la route, costume complet d'opéra-comique, si ce n'est que l'arsenal est toujours placé par devant, ce que je trouve toujours bien drôle. Naturellement, les brigands n'ont pas songé à nous attaquer ; ils sont allés rejoindre leurs camarades, que nous voyions sous un arbre à mi-côte : en tout il y en avait douze *cents* compter ceux que je n'ai pas vus (calembour).

Une heure après, nous étions avec les gendarmes, qui faisaient tranquillement la sieste dans leur corps de garde et nous ont offert le café : les brigands n'auraient pas été si polis.

A chaque rencontre douteuse, ou mieux quand nous traversions un bois, Captan Jani mettait son fusil sur le genou, puis le repassait tranquillement sur le devant de la selle.

Jusqu'à Pergame, pas un seul village, des cimetières tout au bord de la route, quelque fois au milieu. Enfin nous arrivons a Pergame, ville civilisée où l'on ne trouve pas une paire d'étriers, mais où l'on trouve *Les Mohicans de Paris* (1), traduit dans la langue d'Homère et de Sophocle : ô profanation ! Chose bien préférable, et sur laquelle je ne comptais guère, on m'offre un verre d'excellent, mais d'excellent vin. C'était l'ordinaire du pays, et je m'empresse d'en acheter un petit baril pour emporter dans la montagne.

Enfin ce matin dimanche, après avoir reçu l'hospitalité dans une maison quelconque, nous partons pour la montagne, et après une journée superbe, un verre de lait de bique et un morceau de melon dans le ventre, nous arrivons à Feki Keui, notre quartier général. On vient de m'annoncer un petit amour d'agneau qui fera les frais de notre dîner. Il est très hygiénique par cette forte chaleur de peu manger dans le jour et de faire le bon repas le soir : je ne dis pas cela pour me consoler de mon melon.

Je fais mettre tout le pays à sac à dix lieues la ronde pour le service de ma bouche, seulement je paie, chose qui paraît extraordinaire dans le pays. Hier les gendarmes sont venus chez celui qui nous héberge aujourd'hui : après avoir bu et mangé, ils ont emmené un mouton comme consolation. Le pays est extrèmement pauvre : ils n'y a pas de brigands ici, ils ne feraient pas leur frais, surtout avec la concurrence des gendarmes.

Enfin demain j'irai sur la mine. Ce qui me gêne dans ma nouvelle carrière, c'est que je suis en ce moment les jambes croisées à la turque, position très commode pour écrire par terre : aussi je compte sur votre indulgence pour l'écriture.

Il se passera encore quelques jours avant que je trouve une occasion, et je vous écrirai une troisième lettre. Je vous embrasse en attendant.

Ed. Bour.

Mercredi 12 août.

J'ai une occasion pour la côte, et je vous envoie cette lettre à la garde de Dieu. Mes travaux sont commencés, et ne sont contrariés que par un vent terrible qui nous enlève nos instruments et nos papiers.

Je vous embrasse de tout mon, cœur et je commencerai de-

---

(1) Roman d'Alexandre Dumas père.

main une autre lettre qui sera probablement adressée à Félix. Mes amitiés à tous les amis et connaissances.

Une des choses qui m'étonnent dans ce pays presque désert et où la chasse est inconnue, c'est qu'on n'y voit pas même un moineau.

Le climat est d'ailleurs fort bon, sauf le vent, et la santé est parfaite malgré les privations de toutes sortes.

Hier enfin j'ai obtenu trois œufs mollets. Ce qui complique la choses c'est qu'avec les mœurs turques nous ne pouvons correspondre que par deux ou trois intermédiaires avec notre cuisinière.

Le mouton et les biquets sont le fond de notre nourriture.

Ed. Bour.

N° 125. Feki-Keui, vendredi 14 août.

Mon cher Félix,

Je profite pour t'écrire d'un grand vent qui me fait des loisirs forcés. Avant-hier, ayant eu une occasion pour la côte d'Asie, j'ai expédié huit pages chez nous. Je ne sais quand ceci t'arrivera.

Il faut envoyer un homme à la côte ; de là on attend le bon vent pour traverser à l'île de Lesbos ; là les vapeurs des Messageries se moquent du vent et la lettre est sauvée.

Malgré tout je pense qu'à l'heure qu'il est vous devez avoir une ou deux lettres de moi, tandis que j'en suis toujours privé ; et je suis bien impatient d'en avoir:

Préviens chez nous que ma nouvelle adresse est la suivante :

M. Spiridion Baltazzi, banquier à Galata (Constantinople).

(Pour faire parvenir à M. Edmond Bour).

Demain, nous donnons une grande illumination des montagnes en l'honneur du 15 août : nous enfoncerons la Concorde.

Tu ne peux te figurer combien ce pays est sauvage, et quelles privations nous endurons. Depuis que j'ai conquis les œufs mollets, je prends du moins mes maux en patience. Mais pas de légumes, pas de fruits : il n'y a pas de jardins à six lieues à la ronde. Hier nous avons expédié trois hommes de côtés différents à sept ou huit lieues : nous verrons ce qu'ils nous rapporteront. Les chiens français ne voudraient point de notre pain, qui a déjà quinze jours et (est) fait d'orge et de chardons : peut-être y entre-t-il aussi un peu de granite. Heureusement que j'en mange assez peu. Le vin est bon ; mais on en boit fort peu, vu le climat. Les gens du pays ne méritent pas qu'on les plaigne. La terre ne coûte rien et est très fertile : mais ils sont paresseux au-delà de toute expression, et bêtes. Près de la côte, les fermes soignées rapportent huit à dix pour cent.

Je commence à me fatiguer d'écrire les jambes croisées et mon papier à terre : à une autre fois.

Ed. Bour.

Jeudi 20 août.

Hier j'ai reçu trois lettres, une de toi, deux de chez nous ; je suis enchanté de toutes les nouvelles qu'on m'y donne, d'abord de la santé parfaite, puis qu'on ait vendu Auxonne, et enfin de mes acquisitions (1). Dis à ma mère de tailler, trancher tout ce qui lui fera plaisir, planter, bâtir, démolir, etc.

Pose-lui ce dilemme : ou ce sera bien, et alors ce sera bien ; ou ce sera mal, et alors ce sera encore mieux, car j'aurai le plaisir de démolir ce qu'elle aura fait. Mais que je ne retrouve rien tel que je l'ai laissé. Vous vous plaignez de la chaleur : ici il n'y a pas eu d'été, ce qui veut dire que partout ailleurs qu'à Féki-Keui, il fait le plus beau temps du monde : un beau ciel, un beau soleil, et une brise pour tempérer les ardeurs d'icelui. Ici nous sommes sur un pic où la brise est un ouragan à tout enlever. Hier et aujourd'hui sont les deux seuls jours convenables que nous ayions eu. Aussi ai-je fait une belle besogne.

Dimanche, ne pouvant travailler à la mine, je suis allé faire une exploration sur la route de Pergame : je me suis trouvé dans un vrai paradis terrestre ; mais en revenant l'ouragan nous a repris et ne nous a laissés qu'hier. Nous avons été un peu ravitaillés. Ainsi imagine-toi que je t'écris la susdite sur une vrai table de vingt centimètres de haut, toujours le *cu* par terre par exemple : à des chaises il ne faut pas songer. A propos, je ne suis pas allé et n'irai pas du tout à Smyrne. Féni-Keui est entre Pergame et Adramiti (2) au point de partage des eaux. Je dois aller d'ici à Adramiti, à Cyzique, et de là rentrer à Constantinople.

La mine est à peu près vierge, et dans un pays non stérile, raviné par les eaux, avec un climat sain vu le vent, beaucoup d'eau, et pas d'humidité dans l'air.

J'ai vu l'abbé Foblant (3) dont le frère est à Larnace (Chypre), Lax (4) et les Mannheim (5). Mes amitiés aux gens de

---

(1) La maison de Graÿ-la-Ville.
(2) Edremid, port turc, en face de l'île de Mitylène (Midillu).
(3) De Pontarlier, où Edmond Bour avait des parents ; premier vicaire à Saint-Médard de Paris.
(4) M. Lax, négociant en rubans de Saint-Etienne, habita Paris (17, rue Joubert).
(5) Voir n° 131. C'était les parents du colonel.

Châlons, ainsi qu'à ceux de Gray auxquels tu enverras ma lettre.

Dis à ma bonne mère que je suis bien ses recommandations : je me porte bien, mais j'ai encore échappé à un terrible danger. Il faut te dire que depuis le 6 août je ne démonte pas de cheval : je ne saurais plus marcher du tout. Or, dans une excursion, outre mes terribles marteaux et mon terrible revolver, je porte la seule arme qui m'ait été utile jusqu'ici, un riflard, ni plus ni moins qu'une jolie femme qui craint pour la fraîcheur de son teint. Un jour donc le pied manque à mon cheval au bord d'un affreux précipice. Nous roulons dans l'abîme, mais, ô miracle, mon parapluie fait parachute, et je descends à toute petite vitesse, tandis que de mon cheval l'on n'a pu absolument retrouver que la queue, que j'ai offerte au pacha du lieu.

Outre Gray-la-Ville, j'ai acquis des terres en Asie Mineure suivant les préceptes du Coran, c'est-à-dire que je me suis fait dresser une cabane de feuillage avec fondations cyclopéennes ; et tant que je ferai acte de possession, la terre m'appartient, sauf confiscation du grand Turc.

Le pays que nous habitons est tout granitique, de sorte que les rues des villages, les cours des maisons sont remplies de blocs de toute dimension qu'on ne pourrait enlever sans des frais énormes. Notre cuisine se compose de trois de ces énormes blocs, laissant le quatrième libre. Elle est bâtie sur le plan exact de celle de Polyphème faisant rôtir les compagnons d'Ulysse. Nous nous contentons de biquets : les poulets du pays sont épuisés ainsi que les agneaux : le bœuf étant un animal fabuleux, nous sommes condamnés aux biquets à perpétuité.

N° **126.** FEKI KEUI, mercredi 6 août.

Chers parents,

Vous aurez eu par la lettre de Félix la réponse à la vôtre du six août : je n'en ai pas reçu de nouvelles.

Nous avons eu deux jours de beau temps, en tout. Après cela le vent a repris ; et nous avons profité de nos loisirs forcés pour aller passer le dimanche au bord de la mer à Adramytium. Nous avons joui là d'un temps magnifique et des douceurs de la civilisation. J'ai passé deux nuits dans un lit, j'ai bu dans de magnifiques verres de cristal sur lesquels était gravé en lettres d'or le chiffre du propriétaire : E B T. Au retour le gouverneur de Keiner (1) n'a pas voulu nous laisser continuer notre route,

---

(1) Ville située au sud d'Adramitte.

à moins que nous ne lui donnions par écrit décharge de nos personnes, comme quoi c'était malgré lui et à nos risques et périls que nous étions partis. Nous avons dû prendre un autre chemin, et alors il nous a accordé une escorte. Sur cette route-là nous n'avons rencontré personne.

Il faut vous dire que dans ce pays on ne fait jamais deux pas sans être accompagné d'un homme armé jusqu'aux dents. C'est pour l'honneur quand ce n'est pas pour la sûreté. Il paraît du reste que nous personnellement nous sommes au mieux avec les brigands ou *heibecks*. Le chef nous a promis une visite d'amitié ; il en profitera pour prendre quelques moutons aux paysans, bien entendu ; mais cet homme intelligent a compris que si la mine s'installait et amenait de l'aisance dans ce pays désert, il en profiterait tout naturellement (1).

Ces brigands ne sont pas des voleurs comme les nôtres : ils ont seulement le talent de se faire rendre un peu plus exactement que nous les devoirs de l'hospitalité, qui est de règle dans ce pays. Ils forment une race à part, et ont pour principe que celui-là seul qui enlève une fille se marie honorablement.

Outre ces brigands ou *tchepnicks*, qui sont chrétiens si l'on veut, nous avons les paysans, qui habitent les villages, sont musulmans et cachent leurs femmes. De plus, il y a encore un autre race très nombreuse où nous sommes : ce sont les nomades Youroucks, qui habitent des tentes et possèdent d'immenses troupeaux de biques. Ce sont nos pourvoyeurs. Ils obéissent à des princes ou beys particuliers. Voilà ce que c'est que la Turquie d'Asie.

Lundi soir nous avons retrouvé notre montagne, nos ouragans, et de plus un froid de loup. Ce soir nous allumons du feu. Hier je suis allé travailler aux mines pour m'échauffer. Je n'ai pas perdu mon temps, car ma pioche a rencontré une nouvelle veine. De ce côté-là tout va bien. Aujourd'hui, il m'a été impossible, vu le vent, de me tenir même à cheval : j'ai dû rentrer, et je vous écris de notre baraque. Je ne vous ai pas encore décrit cette baraque. Imaginez une petite chambre carrée où nous couchons tous les trois, moi dans une espèce de lit, les autres par terre. Le côté Nord est fermé. La porte et la cheminée sont au midi ; enfin au levant et au couchant sont deux ouvertures sans fenêtres, mais avec des volets pour la nuit. Ceci est recouvert d'une toiture de branches sèches et de paille, soutenue par des poutres artistement disposées pour qu'on ne puisse pas se promener sans se casser la tête. C'est comme l'antichambre de l'horloge de Gray (2). Sortons par la porte en n'oubliant pas de nous baisser : nous tombons sur où plutôt sous

---

(1) About n'a pas mieux parlé de Hadji-Stavros.
(2) Ed. Bour veut parler de l'horloge de l'église paroissiale.

une espèce d'auvent ou dorment nos nombreux domestiques. Ceci est complètement ouvert du côté du midi ; seulement, pour l'abriter un peu, l'auvent descend très bas : il faut presque ramper pour sortir de chez nous. Enfin nous avons une cour parsemée de blocs de granite et entourée d'une clôture telle quelle en branches, pierres, etc., toutes choses qui ne coûtent rien que la peine d'aller les prendre ou les couper. Ces sortes d'enclos ne se touchent pas et forment ainsi des îles, dont nous comptons une vingtaine dans le village. Je défie qu'on en trouve un plus pauvre dans les quatre parties du monde. J'oubliais, à propos de mon voyage en pays civilisé, de vous dire que je m'étais regardé dans une glace, et que ma figure remplie et mes joues toutes rondes m'ont donné l'assurance que les privations ne me faisaient pas maigrir. J'espère que ma bonne maman va me soigner en arrivant et me faire des gourmandises pour tout le temps que j'en ai été privé.

Je suppose que les raisins de la treille que j'ai si bien soignée doivent être horriblement verts, et bons seulement pour des goujats. Il y en a aussi dans le pays, mais ils sont peut-être encore plus verts, car il faut faire sept à huit lieues dans la montagne pour en aller chercher, autant pour revenir ; mais quand j'en tiens à ma disposition j'en fais une consommation effrayante.

Je vous réitère la nouvelle adresse que j'ai déjà donnée à Félix : M. Spiridion Baltazzi, banquier à Galata (Constantinople), pour faire parvenir etc. Les lettres arrivent très mal par voie de Smyrne. Malheureusement cette adresse vous arrivera bien tard.

J'ai remarqué qu'ici les bergers jouent de la flûte : mes ouvriers eux-mêmes ont presque tous la leur pour aller à la mine, avec leurs sabres et leurs pistolets. Chose extraordinaire, ils déposent cet attirail pour piocher.

J'espère que voilà des détails. Comme ma lettre ne part pas encore, je vous mettrai quelques mots plus tard, quand nous enverrons un homme à la mer. Il paraît que la mer est très mauvaise, ce qui ne m'étonne pas, avec le vent dont nous jouissons. J'ai d'ailleurs déjà essuyé pareille tempête en venant, et à bord d'un vapeur tout se réduit à du retard, des secousses, et mal de mer pour ceux qui y sont sujets. Pour moi, sur cet article-là, je suis maintenant un marin renforcé.

Jeudi 27 août.

Aujourd'hui, fête de l'Assomption de la Vierge des Grecs, reçu la troisième lettre paternelle : il n'y a donc jusqu'ici rien de perdu.

10

Je commence à croire que la N.-D. des Grecs vaut mieux que la nôtre : outre ta bonne lettre, elle nous a donné un temps fort beau pour le pays. Aussi l'avons-nous chômée en travaillant comme des nègres. Un de nos domestiques est très dévôt : or les Grecs font maigre quinze jours avant l'Assomption ; mais un maigre très sévère, sans œufs, beurre, etc. Le malheureux avait été chercher au bord de la mer des œufs de poisson, qui lui composaient un ordinaire encore inférieur au biquet. Quant à nous, impossible de sortir de ce maudit quadrupède. Après avoir goûté sans succès tous les fromages du pays, j'ai cependant fini aujourd'hui par en trouver un supportable ; mes compagnons d'infortune se régalent d'une espèce de fromage blanc que je leur envie, mais il m'est impossible d'y toucher.

Ce paquet est le cinquième que je vous envoie, chaque paquet contenant deux ou trois lettres.

Je remercie papa du zèle avec lequel il suit mes affaires : l'important est de donner congé le plus tôt possible au locataire de l'hôpital (1). En attendant, je rapporterai d'ici de la graine de pastèque, espèce de melon qui fait mes délices quand je peux en avoir ; il paraît qu'ici ça vient comme les autres melons. Nous verrons.

Samedi 29.

Pour expier nos travaux du jour de l'Assomption grecque, nous avons chômé le vendredi à la musulmane et aujourd'hui nous chômons le samedi à la juive. Il fait un beau soleil, mais un vent à tout briser, et nous ne pouvons savoir quand cela finira. Cette lettre-ci étant menacée d'une longue quarantaine, je n'en dirai pas plus long pour aujourd'hui. La santé est excellente ; même mes yeux, dont j'avais fait à peu près le sacrifice en venant dans ce pays de vent et de soleil, vont beaucoup mieux, tant c'est une bonne chose de se lever et de se coucher avec le soleil. Jeudi, j'ai voulu prendre le méridien avec ma lunette. Je suis allé avant onze heures ; il était déjà midi passé : je me suis mis à peu près à l'heure. Imagine-toi comme le pays est sauvage : j'ai cassé je ne sais comment le verre intérieur de ma montre, et il m'est impossible de le faire remettre. Ma montre est la seule de la colonie ; si elle s'arrêtait, nous ne pourrions plus savoir l'heure.

Maman s'est-elle occupée du jardinier ? il faudrait faire préparer aussi des couches pour les melons à l'endroit que nous avons dit. Il faut aussi planter des cerisiers, des tomates, etc. Je compte sur maman pour tout cela.

Je n'ai vu ni Constantinople ni Pergame : je ne fais pas un

---

(1) C'est-à-dire de la maison de Gray-la-Ville acquise de l'hospice de Gray.

voyage d'agrément ; seulement je perds mon temps dans ma baraque. A bientôt.

___

N° 127.   Lundi 31 août.

Suite des aventures de Simbad le marin

Hier dimanche, comme il faisait un peu frais, songeant aux recommandations maternelles, j'avais cru devoir mettre mes deux paletots l'un sur l'autre.

Voyant s'approcher un orage, mon compagnon *fout le camp* ; moi, je charge mes outils derrière ma selle, et je pars au grand galop. Je venais de traverser un torrent quand la pluie se changea en grêle : j'ai été une demi-heure avec mon cheval dans les rochers au milieu du vent, du tonnerre, des éclairs et de grêlons gros comme des grains de raisin. J'ai perdu la carte, j'ai perdu la boussole et tous mes outils, qui ont été heureusement retrouvés. Je dois signaler comme au-dessus de tous éloges la conduite de mon cheval, qui est resté calme et obéissant, quoique ce soit un étalon très ardent d'habitude. Quand je suis rentré au village, il n'y avait plus rien à recevoir : le bon Dieu manquait de munitions. Ceux qui ont dû être contents, ce sont les villageois, qui auraient pu avoir leurs vignes et leurs fruits grêlés ; mais, là où il n'y a rien, le bon Dieu lui-même n'y peut rien.

Je suis rentré trempé comme vous pensez. Ce matin, je n'avais plus que mon burnous blanc : je l'ai mis, je retourne sur le terrain, et... l'édition de l'orage d'hier moins la grêle toutefois. Ce qui fait que je vous écrit en chemises (au pluriel), n'ayant plus d'habits. J'ai heureusement deux caleçons de flanelle, trois chemises flanelle, et surtout la fameuse ceinture rouge qui sert aussi bien contre le chaud que contre le froid ; enfin deux pantalons de coutil, dont un à blanchir constamment, vu l'équitation qui salit joliment, et un troisième pantalon en laine. Vous voyez que je suis bien équipé. *Santé toujours parfaite*, et un plat de cornes de bique pour me changer, à souper.

Mercredi 2 septembre.

Enfin je pense que je vais fermer cette lettre. Nous partons demain pour une excursion de quelques jours dans un pays moins sauvage, où je pense que nous trouverons une occasion pour Constantinople. Malheureusement nous reviendrons encore à notre Féki-Keui, d'où nous retournerons décidément à Constantinople par le même chemin, c'est-à-dire par Mitylène.

Adieu, je vous embrasse de bien bon cœur, ne prévoyant toujours pas la fin de ma souffrance.

Ed. Bour.

Mercredi 9 septembre.

Retour de mon voyage, je suis tout désappointé de trouver une lettre de Paris et rien de Gray. C'est un courrier que vous avez manqué. La grande aiguille de ma montre est partie par les secousses du cheval ; la petite n'a jamais suivi. Voilà ma montre au clou.

A plus tard les détails sur mon voyage, où nous avons trouvé une hospitalité aussi bonne que le pays le comporte chez le curé grec.

Je vous embrasse de tout mon cœur. La première lettre parlera du retour.

Ed. Bour.

N° **128.** Feki-Keui, le 17 septembre.

Chers parents,

Toujours pas de nouvelles depuis le 27 août. Je suis d'autant plus inquiet que, comme je vous l'ai dit, j'ai reçu une lettre de Paris par l'avant-dernier courrier. Je ne suis pas en train de vous conter la suite des incidents de mon voyage.

Enfin je vais partir. Je compte m'embarquer samedi de Mitylène et arriver à Constantinople à temps pour le départ du courrier d'Autriche, auquel je confierai cette lettre.

Il est inutile de m'écrire dorénavant. Je pense quitter Constantinople le 5 octobre et repasser par l'Autriche. De cette manière, je serai à Gray le 15. Ma prochaine lettre vous renseignera d'une manière plus positive sur ce dernier point.

Je prie papa d'écrire à l'abbé Gainet (1) que je n'ai pas reçu sa lettre, et que je l'engage à faire venir de Paris une brochure de quelques pages, intitulée : *Dieu et la création prouvés par la géologie*, par L. Gruner, dont je vous garantis la profonde science géologique.

La santé est toujours très bonne, et je souhaite bien vivement qu'il en soit de même chez vous. Ecrivez à Félix, et dites-lui aussi qu'il n'y a plus à m'écrire dorénavant.

Si je rentre vers le 15 octobre, mes frais de voyage se monteront à sept ou huit cents francs environ : par conséquent il y aura de quoi payer mes acquisitions et tous les travaux que maman aura jugé à propos de faire exécuter. Ainsi, elle n'a pas besoin de se gêner.

Adieu, je vous embrasse de tout mon cœur.

Ed. Bour.

---

(1) Savant apologiste comtois, auteur de « *la Bible sans la Bible* », etc.

Fermé à Constantinople le 21 septembre. La poste va partir :
je n'en dis pas davantage ; je n'ai pas le temps de voir au
comptoir si j'ai des lettres.
Je vous embrasse.   B.

____

*Par le même courrier, Edmond Bour adressait à son ami,
M. Mannheim, l'épître humoristique suivant :*

N° 129.   ÉPITRE A M. MANNHEIM

____

Au nom de l'amitié, dont les liens nous unisse (*sic*).
Permets, ami M(annheim), que je te tutoyisse ;
La mesure le veut, arbitre souverain,
Qui courbe sous son joug tout poète mesquin.
Ce tour, pour une épître, aura d'ailleurs du galbe:
C'est ainsi que parlaient les fiers citoyens d'Albe,
Au temps où fleurissait cet Horace fameux
Que Corneille en français célébra de son mieux,
Et dont plus tard sans gêne, en latin culinaire,
J'accommodai l'éloge à la façon d'Homère.
« Mais pourquoi », diras-tu, « d'Horace et de ses fils
Venir mal à propos occuper mes esprits ?
Je connais les hauts faits du magnanime Horace,
Je connais son serment, la mort de Curiace,
Le meurtre de Camille, et le décret enfin
Que rendit sur son cas le peuple souverain :
Ce que je ne vois pas, c'est comment cette histoire... »
Mais dix vers, après tout, est-ce la mer à boire ?
Et réfléchis un peu que, dans son œuf, Léda
Du palais de Priam l'embrasement couva,
Que l'antiquité vit de cet œuf fatidique
Sortir et l'Iliade, et maint poëme épique
A quatre-vingts chants l'un, sans compter le dernier
Si laborieusement enfanté par Viennet (*sic*).
D'ailleurs, j'arrive au fait. Quand la terre encor vierge
Des mains de l'Eternel sortit, pas une auberge
N'égayait les replis de ses vallons déserts :
Seule, la solitude habitait l'univers.
Dans son sein bouillonnaient tous les métaux ensemble,
Dès le pôle antarctique à la Nouvelle Zemble.
Quel Dumas nous dira toutes les réactions
Qu'ils produisaient au fond de leurs noires prisons,

Où le chaos, vaincu par un effort sublime,
Semblait dans le sous-sol ressaisir sa victime ! (1)
Mais Dieu parle, et soudain, plus prompt que la pensée,
Du globe tressaillit la croûte crevassée ;
L'or, le cuivre, le plomb, par mille jets de feux
Pour la première fois contemplèrent les cieux,
Jupin avec terreur voit ce spectacle étrange,
Pluton croit qu'une puce en secret le démange,
Neptune de douleur rugit ; même Apollon
Pour une heure en perdit la rime et la raison
Tant dut coûter de peine aux puissances divines
Le long enfantement du docte corps des mines (2).
Le sujet une fois bien compris, *ab ovo*,
Nous allons avancer, *currente calamo*.
Qui sait où je serai, vers le quinze d'octobre ?
Peut-être, en un salon, ferai-je quelque robre (3) ;
Ou sur ce roc battu par les flots furieux,
Dans le sein du granit mon veil ambitieux
Au travers des éclats de la roche arrachée
Suivra quelque veinule, aux profanes cachée.
N'allons pas cependant oublier, cher ami,
Qu'il faut payer son terme, et, note bien ceci :
Donner congé sans faute. Aussi, quoi qu'il arrive,
Ne manque pas d'aller ce jour-là sur la rive
Gauche, et de remettre à madame Charpentier
Avec cent quatre-vingts francs, ce petit papier.
Ce n'est pas tout : j'ignore, en cette âpre contrée,
— Tu t'en doutes, pas vrai ? — le jour de la rentrée
Des anciens. Voudrais-tu, par une lettre, un soir
Expédiée à Gray, me le faire savoir,
A mon retour, s'entend. Ou, suivant ton envie,
A l'adresse suivante, écrivez en Turquie :

Monsieur Spiridion BALTAZZI, banquier à Constantinople,
En son comptoir de Galata
(*Pour faire parvenir, par les postes voisines,*
A M. Edmond BOUR, ingénieur des mines).

Voilà ce que j'avais à te dire.... Ah ! il faut
Présenter mes devoirs au colonel Riffault,
Lui dire de ma part qu'en vers ainsi qu'en prose

------

(1) Il manque ici deux vers, dis-tu : regarde bien,
Et fais-moi vite excuse : il ne manque plus rien.
(2) Allusion à.... *Tantae molis erat Romanam condere gentem* (Virgile)
.... Tant a coûté de peine
Le long enfantement de la grandeur romaine.
(3) Partie du jeu de Whist.

Je suis son serviteur ; puis, après une pause,
Au cabinet voisin de l'administrateur
Faire un salamalec, c'est de toute rigueur.
Je mets *salamalec* pour vous autres profanes :
Ici, l'on dit aux gens que l'on rencontre à âne
« *Salam aleikoum* », qui veut dire en français :
« Bonjour, l'ami ». De turc c'est tout ce que je sais.
Moutard, l'ami Moutard, et le taupin Laguerre
Me feraient à coup sûr l'un et l'autre la guerre,
Si dans mon souvenir ils n'avaient quelque part :
Note sur ton carnet Laguerre avec Moutard ;
Rolland (1), Kretz (2), Poncelet (3), Monsieur avec Madame,
Facteur commun des trois. Dussé-je en rendre l'âme,
Je n'ai garde en ces vers d'oublier ce cher Kretz,
Qui rime élégamment au cardinal de Retz.
Enfin, un ton plus haut, je veux monter ma lyre ;
Et les chants les plus doux que la muse m'inspire,
O famille Mannheim, qu'ils soient en ton honneur,
Qu'ils peignent, s'il se peut, ce que ressent mon cœur !
Dans ce Paris, si vaste et plus désert peut-être
Que l'aride sommet où je commande en maître,
Mes pensers les plus doux sont pour les mercredis,
D'où la gêne et le luxe avec soin sont bannis.
Que vos jours, chers amis, s'écoulent dans la joie !
Que la Parque avec l'or file pour vous la soie !
Et gardez-moi longtemps, malgré les envieux,
L'intérêt bienveillant qui m'est si précieux.

Ed. Bour.

Féki-Keui, le 2 septembre 1863 (4).

N° 130.   Constantinople, le 21 septembre 1863.

Reçu la lettre de Félix après le départ du courrier. Récapitulons. Reçu 1° envoi n° 1 (Félix) 1 et 2 (Père) — 2° Envoi (27 août) ; 3 (Père) — 3° Envoi (21 septembre) ; n° 3 (Félix). Tout le reste est perdu. Heureusement que la lettre d'aujourd'hui m'a tiré d'inquiétude.

Enfin je suis assis sur une chaise, j'écris sur une table, et j'ai mangé du pain blanc ce matin.

---

(1) Rolland, directeur général des tabacs.
(2) Kretz, inspecteur général des tabacs, gendre de M. Rolland.
(3) Général Poncelet.
(4) Communiqué par M. le colonel Mannheim.

J'ai reçu le fils Mosse (1), qui se porte très bien. J'ai appris avec plaisir le voyage de Châlons : il y aura probablement une halte à Chaumont au retour.

Voilà ce cher Dinette (2) qui a franchi le premier pas : du courage et surtout bonne santé pour le pas décisif.

J'ajouterai quelque chose ces jours-ci s'il y a lieu.

Ed. Bour.

Constantinople, le 28 septembre,

Reçu les nᵒˢ 6 et 7 (Père) ; donc il manque 4 et 5, et le nᵒ 2 de Félix. Les timbres du nᵒ 6 m'ont donné la clé de ces lettres égarées ou retardées. Ce n'est pas la faute des naturels de l'Asie Mineure, c'est celle de papa, qui ne sait pas faire les *P*, sans calembour (3). Le nᵒ 6 a été à Turin, puis à Bergame en Lombardie, de là retournée à Mâcon par le Mont Cenis, etc. Cependant comme le mot de *Turquie* se trouvait deux fois répété, entre autres au coin, je trouve que les employés de la poste ont fait preuve de peu d'intelligence. Moi qui accusais les Turcs !

J'ai beaucoup d'ouvrage ici et n'ai presque rien vu : je suis pressé de rentrer auprès de vous ; mais il faut un ordre du ministre, et je pense toujours partir le cinq.

Dis à Isidore Lévy et à M. Mosse que je passe toutes mes soirées dans la maison Grombach (4). Sans cela Dieu sait ce que je deviendrais ; il y a là trois charmants jeunes gens, et nous causons en flânant ou prenant le thé jusqu'à onze heures ou plus sans nous en apercevoir.

Dis à M. Perron que j'ai l'intention d'acheter une piocheuse (à vapeur) pour l'envoyer dans les immenses propriétés de Baltazzi, qui se comptent par centaines de mille hectares, remplissent trois provinces de l'Asie Mineure et doivent produire (à quinze ou vingt pour cent) environ deux millions de francs par an ; sans compter les mines, la banque. etc. M. Baltazzi me contait qu'il y a trois ans, entre trois amis du même acabit, ils avaient peine à réunir une centaine de francs, et en étaient presque à ne pouvoir dîner. Je compte sur M. Perron pour me renseigner au sujet des piocheuses. Je pense que tu as accusé réception à Eugène et l'as remercié.

---

(1) Commerçant en étoffes à Constantinople.
(2) Ferdinand Bour, frère d'Edmond.
(3) Il s'agit de Pergame (ou Bergama).
(4) Parents d'Isidore Lévy, négociant à Gray.

Ma lettre du 17 avait été suivie d'une autre (n° 4) à quatre à cinq jours, adressée à Félix : c'était peut-être Epernay qui (fut) cause du retard. Le n° 5 est parti beaucoup plus tard, presque un mois après. Ceci est le n° 7.

Mes compliments à Ferdinand Boichut (1) : sans doute que je me ferai un plaisir d'aller le marier si je suis à Gray : mais je ne sais encore quand je reviendrai.

Adieu : je vous embrasse de tout mon cœur. La prochaine sera datée de Vienne, de Strasbourg ou de Zürich. Que Ferdinand travaille son arithmétique et surtout qu'il se porte bien.

Les journaux de France m'ont appris deux nouvelles : 1° les voyages de M. Perron d'Arc en Australie ; 2° la réception de Laurency : félicite le père de ma part (2).

ED. BOUR.

N° **131.** GRAY, le 28 octobre (1863).

Mon cher Monsieur Amédée (Mannheim),

Ainsi qu'on me l'avait prédit, la retour par Kustendje (3), a été émaillé de toutes sortes d'incidents, mais où le pittoresque l'emportait sur l'agréable. En somme je suis arrivé un peu fatigué mais assez bien portant ; et je me suis empressé d'aller faire vos commissions à votre famille et de lui donner les nouvelles les plus satisfaisantes de votre santé.

Ce petit billet est pour vous faire mille amitiés ainsi qu'à ces messieurs, et vous remercier cordialement de la bonne réception que vous m'avez faite et des bonnes soirées que nous avons passées ensemble.

J'ai annoncé votre visite à Gray pour l'année prochaine. N'allez pas me faire mentir. Vous ferez bien plaisir à vos parents et à moi, qui suis charmé d'avoir fait votre connaissance et qui serai content de la cultiver. En attendant quoi, je vous serre cordialement la main ainsi qu'à ces messieurs, en vous priant de me rappeler au souvenir des Turcs de ma connaissance.

Votre tout dévoué, ED. BOUR.

---

(1) Quincaillier à Gray.

(2) M. Perron d'Arc a publié : *Aventures en Australie* (Hachette in-12). M. Laurency, fils d'un marchand de bois de Gray, est mort lieutenant de vaisseau.

(3) Port situé au nord de Varna, sur la mer Noire.

N° 132. (... 1863)

Cher papa,

Je suis obligé d'écrire par ce courrier à Z..., ce qui m'ennuie beaucoup dans la disposition physique et morale où je me trouve.

Samedi soir, à la Société philomatique, j'ai été saisi d'un violent accès de fièvre, et j'ai eu beaucoup de peine à rentrer. A ce propos, j'ai voulu me faire du thé : moi qui en avais toujours des quantités et qui en donnais à tout le monde, je croyais qu'on m'aurait au moins laissé ma provision : je n'en ai pas trouvé une feuille.

La fièvre n'est pas revenue depuis samedi, et je suis à peu près comme à Gray. Si un deuxième accès se représente, j'envoie un télégramme à ma mère : elle n'aura donc pas besoin d'être bien inquiète : mais pour le moment elle n'a pas à se déplacer. J'ai dû également prévenir mon suppléant de se tenir prêt à me remplacer au premier jour : mais je compte aller de l'avant tant que je pourrai.

Il ne peut être question d'un voyage à Z... pour le moment ; et je n'en dirai pas mot dans ma lettre : vois ce que tu dois écrire ou faire. Il importe surtout de poser tout de suite la grande question (1). Je ne demande pas mieux que de passer tous les ans bien du temps à Z..., mais il faut une installation de ménage quelque part, et je tiens beaucoup à ce que ce soit à Gray. Tâche d'arranger la chose : vois si tu veux aller à Z... sans moi, etc. : tu as toujours carte blanche pour tout. Ne dis pas que je suis malade. J'ai vu Charles (2) et sa femme hier soir : tout va bien sauf Louis, qui avait six fautes de latin dans sa copie : je la lui ai corrigée. Ils demandent qu'on leur écrive.

Adieu, cher papa : vous comprenez combien je suis ennuyé, voyant s'éloigner tous les jours la fin de mon état, qui est bien pénible. Il fait cependant très doux : que deviendrai-je dans les grands froids ?

Je vous embrasse de tout mon cœur.

Ed. Bour.

P. S. — Je ne me plains pas de la poste, sauf pour le deuxième jour du retard de ta lettre pressée. C'est moi qui sors avant l'arrivée du courrier, et qui rentre souvent trop tard pour répondre. On n'a que jusqu'à quatre heures et demie et on a supprimé la boîte près de chez nous.

---

(1) Il s'agissait d'un mariage pour Edmond Bour.
(2) Charles Voisin, employé du chemin de fer, marié à Marie Boichut, sœur de Ferdinand Boichut.

N° **133.**   (13 novembre 1863.

Cher papa,

Ta lettre m'arrive le 13 au soir après le départ du courrier et la clôture du télégraphe.

Je te réitère de ne plus me demander ni dépêche ni réponse courrier par courrier. Je ne reçois jamais mes lettres qu'avec um jour de retard ; celle-ci en a deux, étant timbrée du 11.

La santé s'améliore, ou du moins s'est améliorée tout de suite, sauf le sommeil, qui ne revient toujours guère.

J'ai une bonne pension pour le soir, avec de bons camarades. Je déjeûne seul n'importe où et toujours fort cher ; mais ce n'est pas là l'important. Il fait très froid ; j'ai acheté des montagnes de paletots sous lesquels je grelotte.

Quant au reste, une fois pour toutes, carte blanche : discrétion la plus absolue : pas un mot, pas une allusion : c'est peut-être déjà fait. Même recommandation aux gens de Z.

Je vous embrasse de tout mon cœur. Bon appétit. Les transports de joie m'empêchent d'en mettre plus. Adieu.

Ed. Bour.

———

N° **134.**   Dimanche 22 novembre (1863).

Chers parents,

Pas la moindre amélioration ; toujours plus mal que le plus mal de Gray. J'ai envie d'essayer d'un dernier remède ; partir pour Z, d'autant plus que je n'aurai pas de vacances à Noël comme je le pensais. Il faudrait que vous veniez aussi de votre côté. Répondez-moi donc par retour du courrier, si la proposition vous agrée, quand même une lettre se serait croisée avec la mienne.

Je partirai jeudi dès le matin. Ecrivez à Z, pour que j'aille vous attendre à la diligence. Partez aussi jeudi matin, car j'aurai peu de jours à passer et il n'en faut pas perdre.

Seulement je mets pour condition qu'on ne parlera pas de ma santé, qu'on me laissera faire tout ce que je voudrai, comme je voudrai. J'espère que cela me remontera un peu le moral.

A bientôt donc. Je vous embrasse.

Ed. Bour.

(Un mariage avait été proposé à Edmond Bour par ses parents. La future était la fille d'un riche industriel. Pour leur faire plaisir, il avait accepté de faire une démarche : mais il avait trouvé un accueil qui l'avait froissé et impressionné péniblement).

N° **135.**　　　　　　　　　　　　Paris, le 13 janvier (1864).

Cher papa,

M. X... m'embête. Croit-il me faire aller longtemps comme cela ? Il nous écrit dans le temps d'aller à Z... traiter une foule de questions. Nous y allons, rien : puis il me renvoie une copie de sa première lettre où il reparle de questions à traiter : qu'est-ce que c'est donc que ces questions qu'on n'ose pas dire ?

Réponds ce que tu voudras, puisqu'il a été convenu que je n'aurais à m'occuper de rien ; mais mon ultimatum, c'est que je ne retourne pas à Z. sans que toutes les questions soient élucidées et le jour fixé. Seulement ne t'abaisse pas jusqu'à donner des explications sur mes acquisitions (1), qui sont faites parce que cela m'a plu, et sur mes projets, que tu ne connais pas.

Cher papa, je ne voudrais pas te faire de la peine ; mais il ne faut pas se faire illusion à soi-même sur ce qu'on désire vivement. Tu voudrais que je sois heureux dans cette union : il me semble que maintenant tu dois être bien convaincu que ce n'est guère possible ni présumable.

Laissez-moi donc espérer que d'ici à quelque jours la Providence me débarrassera de toute cette famille, dont j'ai par-dessus la tête, et parle m'en le moins possible, pour ne pas m'ôter le peu de sommeil qui me reste.

Vous savez que je n'aime que vous, que je ne me plais qu'auprès de vous et que rien de ce qui m'arrive ne me fait plaisir que par rapport à vous. Je ne dis pas que j'ai eu la main forcée ; mais suppose que ces ouvertures m'aient été faites à moi directement par quelqu'un de Paris que tu ne connais pas, comme le général Poncelet : n'est-il pas évident pour toi que j'aurais répondu non, et que tout aurait été fini. Si j'ai dit oui, c'est donc non pour obéir à tes ordres, mais pour répondre à tes plus chers désirs.

Je te promets, une fois débarrassé, de m'occuper sérieusement de m'établir. J'ai beaucoup réfléchi, et je suis décidé à

---

(1) Il s'agit de la maison de Gray-la-Ville. Les parents de la jeune fille exigeaient l'installation chez eux pour les vacances.

prendre une jeune fille sans fortune qui vivra tranquillement avec moi auprès de vous le temps que nous ne passerons pas ici. Foin de tous ces prétendus beaux partis qui vous font payer de votre liberté quelques écus dont je n'ai que faire.

Adieu, mon cher papa : crois à la sincère affection de ton enfant, qui sera toujours soumis et respectueux, et qui même en cette occasion te laisse le droit d'engager sa liberté ; mais qui ne peut pas te promettre de feindre des sentiments contraires à ceux qu'il a dans le cœur.

Réponds-moi une bonne lettre affectueuse comme la dernière, comme toutes les autres : j'en ai bien besoin dans mon état. En rentrant de Gray, j'ai été deux jours bien portant, puis mercredi le froid si vif m'a saisi de nouveau ; puis la fièvre, le rhume, tout est revenu. Cela va-t-il mieux maintenant ? je n'en sais trop rien et suis toujours bien ennuyé.

Réponds-moi donc vite une lettre qui me feras voir que tu n'es pas fâché et que je puisse lire avec bonheur sans arrière-pensée pénible.

Je t'embrasse de tout mon cœur,

Ed. Bour (1).

No **136.** Paris, le 25 mars 1864.

Chère maman,

Quel joli bouquet pour ta fête ! Avant-hier je n'ai fait qu'un cri toute la journée. Je n'avais jamais été comme cela à Gray. A neuf heures du matin, j'ai senti une oppression, comme une barre sur la poitrine : à dix heures, je ne respirais plus : je me suis tordu vingt-quatre heures sur mon lit, après quoi le lendemain l'oppression diminuait et disparaissait. Une fièvre violente et un frisson impossible à combattre accompagnait cela ; huit jours avant j'avais eu un accès pareil. Les deux fois que je de-

---

(1) En février 1864, M. le docteur Bertin reçut cette lettre d'Edmond Bour, qu'il avait invité à son mariage :

« Mon cher ami,

« J'ai le regret de te dire que je ne puis me rendre à ton invitation amicale : « tu tombes précisément au milieu du coup de feu de la fin, des examens de « l'Ecole.

« Si cela avait été une quinzaine plus tard, je me serais fait un bien grand « plaisir de cette petite fête de famille ; mais tu sais comme nous sommes escla-« ves, et que pour nous non seulement les jours, mais les minutes sont comp-« tées. En attendant que j'aie le plaisir de voir à Gray madame Bertin, je te « charge de lui faire agréer mes excuses ainsi qu'à sa famille, et de présenter « mes hommages à ta sœur et belle-sœur, non, *belle-sœur au carré*, ainsi qu'au « notaire (a).

« Tout à toi. « Ed. Bour ».

(a) M. Bertin avait épousé la sœur de la femme de son frère le notaire.

vais dîner chez Mannheim, et quand il est venu me chercher, il m'a trouvé au lit. Inutile de dire que je *vais mieux*, et que je compte faire mon cours demain.

Inutile de souhaiter bonne chance à Ferdinand, puisque l'examen n'existe pour ainsi dire pas. Je ne sors pas, je ne puis voir personne, surtout Kretz, qui demeure au sixième (rue Pernelle, 12) : écrivez-lui donc directement. C'est au directeur du département qu'il appartient de déterminer la résidence dans son ressort. Quant à Kretz, ce qu'il fera pour nous avec plaisir c'est de placer Ferdinand dans le département de la Haute Saône.

Quant à Gray-la-Ville, j'approuve tout naturellement la disposition arrêtée par les hommes de l'art. Seulement, comme il y aura à retoucher au bitume, et que le cadre de la trappe fait toujours une légère saillie, ne pourrait-on pas empêcher les eaux de séjourner là ? A-t-on des fleurs jaunes de Madame Bourgoin ? Et a-t-on essayé de replanter les petits cognassiers du Japon ? Je pense bien qu'on n'aura encore guère pu s'occuper de la vigne : la neige tombait hier à gros flocons, et elle a même séjourné sur notre paisible rue de Fleurus.

Dimanche dernier, j'ai été regarder dîner M. Bergeret, avec Edouard et sa famille. Je n'ai vu personne autre. Adieu, chère maman ; je te souhaite une bonne fête et je l'embrasse de tout mon cœur.

ED. BOUR.

N° **137.**   (.... 1864).

Cher papa,

Je reçois ta lettre et te réponds de suite deux mots avant d'être dérangé. N'oublie pas de m'acheter du bois ; le temps est favorable. Quant à tes fonds, dis-moi quelles sont tes intentions et envoie-moi par M. Noir (1) l'argent nécessaire. Je ne puis guère pour mon compte dépasser les deux mille francs que nous avions dit ; à trois cents fr. ; je comptais t'en acheter sept ; si tu veux y ajouter tout ou partie des trois mille nouveaux, envoie-les moi.

Les jardins de Paris sont tout en fleur ; tu diras à ma mère que pour les bordures des pelouses (elles) sont faites en ménageant d'abord quarante centimètres de gazon, puis la bordure de fleurs, puis la pelouse. Il faut faire comme cela pour notre pelouse devant la maison. J'ai fait le contraire de dîner chez

---

(1) M. Noir-Anney, négociant, qu'il appelait autrefois Claude.

l'abbé Foblant, qui vient d'enterrer Mademoiselle Massé (1). Il
va sans dire une fois pour toutes que je vais très bien ; mais
que je vous dispense de me dire que vous en êtes bien aises et
autres rabâchages *ejusdem farinae*. Donnez-moi de vos nouvelles ; dites-moi ce qui se fait à Gray-la-Ville, et surtout achetez-
moi du bon bois.

Je reçois par le même courrier une lettre de Félix.

Il est aussi peu que possible question du choléra (2) : en ce
moment, la mortalité est juste doublée : voilà le chiffre officiel.

Je vous embrasse de tout mon cœur.

ED. BOUR.

Nº **138.** (.... mai 1864).

Chers parents,

Je vous envoie par M. Voisin : 1º la fin du feuilleton ; 2º des
papiers à moi que vous mettrez dans le bas de ma bibliothèque ;
3º mon portrait encadré. Vous me feriez plaisir de me retourner par la même occasion l'autre épreuve, que je désirerais
offrir aux Mannheim ; je ne leur en ai pas parlé ; aussi ce sera
comme vous voudrez.

Il m'est tout à fait impossible de continuer mon cours ; et
je vais me faire remplacer quelques jours : j'ai un congé que je
ferai renouveler au besoin. Lundi à midi, je serai auprès de
Félix. De là, j'irai près de l'excellent abbé Gainet, si cela ne le
dérange pas.

On ne me dit rien des artichauts. Il faut défoncer pour leur
faire place l'allée droite de l'hôpital, remplacée par celle qui
contourne le vivier. On pourrait aussi planter un noisetier en
pot tout sur le bord de l'eau, et tailler les arbustes. Et mon
couteau à greffer ? Y a-t-il eu assez de gravier ? Si le gendre de
M. Mougin (3) pouvait nous en céder, je crois que vingt voitures
y passeraient encore bien. Ma mère a-t-elle fait les réparations
qu'elle voulait à la maison Maréchal ? Il faut se dépêcher.

Je compte quitter Châlons mercredi à midi : écrivez-moi
donc lundi pour que je sois sûr d'avoir une lettre de vous.

ED. BOUR.

---

(1) Celle-ci possédait le château de Courseulles en Normandie.
(2) Ceci était destiné à tranquilliser sa famille, car il y eut, pendant les premiers mois de 1864, une épidémie de choléra à Paris.
(3) M. Petit, chef de section au P.-L.-M., gendre de M. Mougin, plâtrier.

Nº **139** (.... 1864).

Cher papa,

Ta lettre m'a fait bien plaisir. Voici autre chose. Chaper est directeur associé de la Compagnie du béton ; il offre de prendre Ferdinand avec quinze cents francs tout de suite : il commencerait par aller dessiner dans les bureaux ; puis il irait faire des tournées sur le terrain, et enfin il serait chef de travaux. Voyez ; dans tous les cas, que papa réponde directement à Chaper, 27, quai de la Tournelle. Quant aux tabacs, Ferdinand est le quatrième ; il aurait été mieux sans l'orthographe.

Je désirerais qu'on payât tout ce que j'ai dépensé, et qu'on m'envoyât l'état de ma caisse, afin de voir ce que je dois emporter de Paris.

Je laisserai ici pas mal de choses dans ma grande caisse. Voulez-vous m'envoyer une malle pour rentrer à Gray, ou j'en achèterai une si vous le préférez.

Je suis tout à fait surchargé de besogne, et hors d'état de rien faire : c'est pourquoi je remets à vous écrire, bien qu'ayant, comme vous le voyez, beaucoup à vous dire. Achetez des bordures de plates-bandes chez M. Cornet : je n'ai rien trouvé ici.

Ed. Bour.

Nº **140**. (.... 1864).

Chers parents,

Je ne comprends pas du tout votre lettre, au moment où je vous disais combien il m'est pénible d'écrire. Si j'avais eu un conseil à vous donner, je l'aurais fait en vous écrivant. Mais ce que je vous prie instamment de faire, c'est de répondre à Chaper courrier par courrier ; et si la réponse est oui, Ferdinand peut faire ses malles d'avance ; car, avant huit jours, il sera installé à son bureau avec quinze cents francs de traitement.

Bonsoir.

Ed. Bour.

Nº **141**. (.... 1864)

Cher papa,

Ferdinand est encore rasé. Voir le *Moniteur* de mardi, il faut avoir eu vingt et un ans avant le 31 décembre. Le voyage m'a beaucoup fatigué, contrairement à ce que je pensais : le sommeil est toujours absent (1). La première leçon est faite.

---

(1) Le 26 août 1864, Edmond Bour, d'après une lettre de M. Mannheim, souffrait de nouveau.

J'ai dîné hier soir avec Charles. J'ai reçu les papiers de Besançon.

Ne pas oublier de mettre des tuteurs aux jeunes arbres.

Je suis en pension le soir avec les artilleurs au café d'Orsay ; trois francs le dîner.

Je vous embrasse de tout mon cœur.   ED. BOUR.

N° **142.**   (.... 1864)

       Cher papa,

Bien certainement il faut que ma mère vienne ; je serai bien content de l'avoir ; je ne comprends pas que vous n'ayiez pas trouvé cela tout seuls.

Emmenez Anna aussi si vous voulez.

Je dîne mercredi soir avec Charles. Personne ne sait mon départ, pas même Mannheim.

Mademoiselle de Monceaux est morte.

Je t'ai acheté pour trois mille francs douze Chemins romains, rapportant cent quatre-vingts francs : c'est à six pour cent. Au premier janvier, j'en toucherai quatre-vingt-dix. Eugène m'a dit de verser quatre mille cinq cents francs à Toni. Charge-toi de ce soin : je t'apporterai en tout cas mille ou deux mille francs.

J'ai voulu aller voir madame André, rue Saint-Georges, 6. Inconnue (1).

Je vous embrasse tous. Que maman ne manque pas de venir.

                                        ED. BOUR.

N° **143.**   17 mars 1865.

       Cher papa,

Je te souhaite une bonne fête, et je te dirai, si cela peut te faire plaisir, que cela va un peu mieux ce matin, par la raison, toujours la même, que cela allait infiniment plus mal tous ces jours-ci. Avec beaucoup de mieux comme cela, on avance beaucoup.

Il fait toujours un temps épouvantable. Je ne peux pas sortir, et comme je ne peux pas travailler, je m'ennuie encore plus qu'à Gray. Je devais dîner demain avec Kretz et Rolland (2),

---

(1) M. André, de Paris, était beau-père de M. Chaper.
(2) M. Rolland, directeur général des tabacs, beau-père de M. Kretz, ingénieur.

mais j'ai été obligé de me décommander. J'ai dit deux mots pour Félix, mais il m'est impossible de faire la moindre démarche.

Comme je ne sais si ma lettre sera interceptée à temps par la police secrète, je ne parle pas de ce qui est peut-être une surprise, et qui en a été une agréable pour moi : ce sera pour ma prochaine.

Une autre surprise agréable, ce sont les quinze petits pêchers. Peut-être à cet endroit-là pourrait-on les laisser venir en grands arbres ; mais je m'en rapporte là-dessus à la sagesse de M. Laurent (1) et de Ferdinand. Je crois qu'il faut s'occuper sans retard de commander la marquise sur la terrasse, sans quoi nous n'arriverons pas. Vous savez que mon idée est de ne pas couvrir entièrement celle-ci, mais de laisser quelque chose comme un balcon du côté des prés.

S'il faut que l'asphalteur revienne arranger quelque chose, profite pendant qu'il est à Gray.

Je n'ai pour ainsi dire pas vu l'album que j'ai envoyé : seulement la couverture m'a semblé bien *peute* (2). J'ai au contraire un magnifique *Tour du monde* doré sur tranche, moins cher qu'en l'achetant par livraison.

Adieu, cher papa, je te souhaite de nouveau une bonne fête, et t'embrasse de tout mon cœur ainsi que tout le monde par la même occasion.

Ton fils respectueux.   ED. BOUR.

P. S. — Quand mangerez-vous des asperges ? J'ai déjà mangé des petits pois une fois et pas trop chers (3).

N° **144**.   (.... 1865).

Cher papa,

J'ai été hier soir manger les asperges de Gray-la-Ville, qui sont meilleures que celles qu'on me fait payer deux francs la portion.

---

(1) Vérificateur des poids et mesures à Gray, qui s'occupait beaucoup d'horticulture.

(2) Laide. Mot comtois indiquant le mépris.

(3) Edmond Bour publia cette année : *Cours de mécanique et machines ; premier fascicule : Cinématique*. (GAUTHIER-VILLARS, 1887, 2e édition, avec atlas).

Le 28 janvier 1865, il fut nommé membre associé correspondant de l'Académie de Besançon : cette compagnie s'honorait en s'adjoignant un jeune mathématicien qui faisait honneur à une province d'où sont sortis un si grand nombre de savants.

« L'académie, en vous conférant ce titre, lui écrivit M. Pérennès, a voulu rendre hommage au rang si distingué que vos travaux vous ont conquis dans la science, et en même temps rappeler votre pensée vers la province à laquelle vous attachent des liens d'origine dont elle s'honore ».

L'abbé Gainet a supporté avec la plus grande résignation un coup qui a dû lui être bien sensible. Son éditeur a fait faillite : l'impression de son ouvrage est arrêtée ; il en est pour pas mal du sien. Le portrait est arrivé taché : impossible de l'offrir.

Madame Ohresser est morte le samedi saint ; j'ai trouvé la lettre à mon retour.

ED. BOUR.

N° **145**
Septembre 1865.

Mon cher Félix (1),

Je reçois à Saulles une lettre de Mannheim, qui m'annonce qu'on a promis à Saigey (2) de l'envoyer à Besançon ; il ajoute qu'il ne faut plus penser à Dijon ; mais il y a longtemps que nous en avons fait notre deuil.

Je m'empresse de te transmettre cette bonne nouvelle. Je suis un peu mieux depuis quelques jours : gare la suite !

Rien à personne, de la nouvelle actuelle, puisque c'est encore une simple promesse. Je t'embrasse de tout mon cœur.

ED. BOUR.

N° **146**.
(.... 1865).

Chers parents,

J'écris par le même courrier à Kretz : je pense comme Ferdinand qu'il vaut mieux aller à Paris qu'ailleurs.

Vous avez dû comprendre ce que vous a dit M. de Tricornot (3), que j'étais d'autant plus malade que j'avais été quelques jours mieux. Je voudrais bien être à Gray : mais je n'ai ni le courage de rester ni de partir.

Mannheim m'assure qu'on va nommer Félix à Besançon : je lui ai écrit immédiatement à Châlon.

Le même Mannheim demande pour son frère (44, rue du Luxembourg), une pièce de vin, comme celui qu'il a payé trente-cinq francs.

ED. BOUR.

N° **147**.
PARIS, mercredi, (fin décembre 1865).

Au risque de vous faire plus de peine que de plaisir, j'arriverai à Gray pour vous faire mes adieux, samedi matin à huit heures dix ou vingt, par l'Est.

---

(1) Edmond Bour avait passé quelques jours, pendant les vacances, chez M. de Tricornot, à Saulles, arrondissement de Langres (Haute-Marne).

(2) Camarade de Bour, devenu inspecteur des télégraphes.

(3) M. de Tricornot, de Saulles (Haute-Marne), dont le fils est officier au 12e Hussards, à Gray.

Pour mon arrivée, préparez-moi un lit chaud, du feu, un bouillon, de la gelée de viande et de la limonade. J'aimerais assez aussi avoir à boire du lait bien froid comme en été, et en quantité, etc.

A samedi matin si j'y suis encore.

Ed. Bour.

N° **148**.
6 janvier 1866.
Chers parents,

Je suis arrivé à Paris après un voyage bien pénible. Depuis, mon état a rapidement empiré, de sorte que j'ai dû résigner tout à fait mes fonctions à l'Ecole et que j'entre lundi à l'hôpital du Val-de-Grâce (1). Si Félix peut avoir quelques jours de congé, il s'installera dans mon appartement, que je paie jusqu'à la fin du mois, et pourra vous expédier mes effets.

Il y a longtemps que le *Moniteur*, m'a-t-on dit, a publié le tirage au sort des Romaines : rien des tiennes n'est sorti.

Je vous embrasse. Adieu.

Ed. Bour.

P. S. — Que Félix me prévienne de suite s'il compte pouvoir venir. Il m'évitera la fatigue de mes paquets.

Ecrivez-lui donc : sitôt cette lettre reçue, il devrait s'arranger pour arriver lundi matin au plus tard.

N° **149**.

Chers parents,

Vous comprenez pourquoi je ne vous écris pas plus souvent. Des souffrances, des tortures encore et toujours ; traitement nul, régime alimentaire de gamelle. Seulement, je vous en prie, n'encouragez plus les gens à me demander des démarches, des correspondances, etc.

Je vous enverrai les effets qu'on me fournit à l'hôpital et dont je n'ai pas besoin ; en échange, il me faudra probablement quelques chemises blanches, les miennes étant en assez mauvais état.

Je vous embrasse de tout mon cœur.   Ed. Bour.

N° **150**.
.... janvier 1866.
Chers parents,

Je n'ai pu voir M. Voisin avant son départ : je lui avais peut être remis quelques journaux et feuilletons : rien ne presse.

---

(1) Le lundi 8 janvier.

S'est-on occupé de la clef de mon sac noir ? L'a-t-on retrouvée dans mes tiroirs, ou en a-t-on fait faire une ?

Ce qui me presse, ce sont mes petits gilets de flanelle bleus ; je ne puis mettre les grands, car tout le bas de mon dos n'est qu'une plaie. Vous pourriez y joindre ma paire de petits souliers (pas bottines), car vous ne me reverrez pas de longtemps. Je verrai plus tard de quels habits j'aurai besoin............

Quand à Ferdinand, il y a un mystère dont je n'ai pas encore la clé. Voilà deux mois que sa nomination est signée....

Adieu, je vous embrasse.

Ed. Bour.

N° **151**. .... février 1866.

Chers parents,

Il y a une grande amélioration apparente depuis mon entrée à l'hôpital : je mange un peu. Quelle différence avec le triste voyage de Gray et la semaine encore plus triste qui a suivi ! Malheureusement, nous savons tous ce que cela veut dire : ainsi, pas de compliments, pas surtout cet affreux mot d'espoir qui m'horripile.

Tout le monde est admis à me voir en tout temps. Si mademoiselle Marie (1) vient, remettez-lui ma casquette d'uniforme, après avoir recousu le galon, pour mettre à l'intérieur, sinon, tâchez de me l'envoyer le plus vite possible.

J'ai appris la mort d'Ulmann ; mais, suivant votre habitude, vous ne me dites jamais ce qui peut m'intéresser (2).

Vous prendrez dans la caisse les journaux et les feuilletons qui pourront vous amuser ; vous respecterez les papiers manuscrits, etc. Félix m'a fait très grand plaisir en venant : d'ailleurs je ne doutais pas qu'il ne fît son possible.

On pourrait déjà commencer à tailler les vieux arbres s'il fait aussi doux qu'ici.

Je vous embrasse.

Ed. Bour.

Cette lettre est la dernière qu'Edmond Bour put écrire. Peu avant sa mort, il reçut sur son lit d'agonie la croix de la Légion d'honneur, que lui envoyait Napoléon III.

---

(1) Marie Nafetier, de Gray, ouvrière en robes, était allée à Paris pour ses achats et avait offert de voir Edmond Bour.

(2) M. Ulmann était un des élèves d'Edmond Bour à l'Ecole polytechnique. Ses parents ne lui avaient pas fait connaître son décès, parce qu'on ne parle pas de mort à un homme très malade.

CONCLUSION

---

*Le 8 mars, M. Bour père, qui venait d'arriver à Paris,
écrivit à madame Bour :*

Chère Adèle,

Je viens de fermer les yeux à notre pauvre enfant : son
agonie a été douce ; mais j'ai eu la douleur de ne pas en
avoir une parole, ni un sourire, ni un serrement de main.
Dans ce triste moment, j'avais près de moi Alfred Riche,
MM. Lax père et fils, le directeur de l'Ecole, le général
Favé : te dire toute la sympathie que l'on a pour lui est
impossible à te rendre. Chacun pleure avec moi. J'oubliais
son ami Mannheim.

Il s'est confessé avant-hier (1) et ce matin j'ai envoyé
chercher l'aumônier, qui lui a administré l'extrême-onc-
tion. J'étais près de lui à six heures du matin et ne l'ai
quitté qu'après la consommation du sacrifice.... Je ne sais
encore rien de la cérémonie....

Par exception, toute l'Ecole polytechnique y assistera
en corps : tous les cours sont suspendus. Depuis trois
jours, le général lui avait apporté la croix de la Légion

---

(1) Il avait reçu les consolations religieuses, dans la plénitude de ses facultés
intellectuelles, de M. l'abbé Curmer, vicaire à Saint-Médard, qu'il estimait et
aimait beaucoup. (Notice de M. de Chardonnet). Il s'éteignit le 8 mars, à onze
heures du matin.

d'honneur : cette distinction tardive a paru ranimer notre pauvre enfant. Il parlait beaucoup de nous dans ses derniers jours, et ne voulait pas que l'on nous écrivît, dans la crainte de nous faire de la peine. J'en ai déjà trop écrit : la tête me fend, et les larmes me bouchent les yeux....

Adieu, pauvre mère, adieu, chère petite : pleurons ensemble dans l'espoir que la Providence nous réunira un jour. Je l'ai embrassé, après lui avoir fermé les yeux, pour toi, pour Anna, pour ses chers frères et pour moi : je vous embrasse bien amèrement, bien tristement, en me disant : Est ce vrai ?

Le lendemain, M. Bour père écrivit encore :

.... MM. Mannheim, Riche et Kretz sont d'un dévouement et d'une action incroyables : ils s'occupent de tout. J'arrive de l'École polytechnique : on m'a conduit chez le général, qui désirait me voir : c'est un homme encore jeune, qui aimait beaucoup notre Edmond. Il est venu à moi, m'a serré les mains et il m'a exprimé ses regrets d'une manière si sympathique que je n'ai pu retenir mes larmes, et les siennes ont coulé en même temps. Le général me dit : « M. Bour, si vous pouviez être consolé, je vous dirais : « la mort de votre fils est un deuil général ; il aura demain un enterrement qui ferait honneur à un prince ; toute l'École y sera ainsi que toutes les sommités de la science, etc... » Toutes ces paroles glissent sans me toucher, et mes larmes recommencent à couler....

Les obsèques du jeune savant eurent lieu au Val-de-Grâce, en présence de toute l'École polytechnique, d'une députation de l'École des Mines, de plusieurs membres de l'Institut, de représentants nombreux des divers services qui se recrutent à l'École et d'une foule d'amis inconsolables.

Le corps fut déposé dans une chapelle provisoire, en attendant qu'on le transportât à Gray.

Le colonel Riffault prononça les paroles suivantes :

« Messieurs, c'est toujours un spectacle douloureux que de voir la mort frapper la jeunesse.

« Quelle qu'ait été la victime, la pensée se porte tout d'abord sur un père, sur une mère éplorée qui se sont vu ravir l'espoir et le soutien de leurs vieux jours, et qui ne veulent point être consolés, parce que leur fils bien aimé n'est plus.

« Combien l'émotion n'est-elle pas plus profonde, quand à la douleur de la famille vient s'ajouter un deuil public, quand celui qui part avant l'heure a déjà donné le droit de dire sur sa tombe : « Une grande intelligence vient de s'éteindre ». Oui, Messieurs, vous le savez tous comme moi, Edmond Bour, dont nous accompagnons ici les restes mortels, était une grande et belle intelligence. Est-il besoin de citer ses premiers travaux, qui, dès le seuil de la jeunesse, ont en lui révélé un maître ? Vous rappellerai-je l'éclatant témoignage d'estime que lui a décerné l'Institut, le glorieux échec qui lui marquait à l'avance une place assurée au sein de l'illustre assemblée, enfin sa nomination à l'une des chaires importantes de l'Ecole polytechnique ? Mais ces souvenirs sont d'hier, car six ans à peine lui ont suffi pour conquérir une notoriété que d'autres, moins heureux, poursuivent en vain jusqu'aux limites de la vieillesse.

« Hier encore, jeunes camarades qui m'écoutez, vous étiez sous le charme de ses paroles, vous demandant ce qu'il fallait le plus admirer en lui, le talent du professeur ou le mérite du savant.

« Tant de nobles facultés ont-elles donc disparu comme ces lueurs éphémères qui jettent un vif éclat et s'éteignent sans laisser aucune trace ?

« Heureusement non, Messieurs, et c'est là, du moins, un puissant motif de consolation. — Avant sa dernière heure, l'ami que nous pleurons a pu s'écrier avec le poète : *Non omnis moriar*. Tandis que son âme plane dans les régions sereines, ses œuvres, peu nombreuses mais excellentes, perpétueront son souvenir parmi nos futurs camarades ; elle lui assureront à jamais une place distinguée parmi les esprits d'élite dont s'honorent la science, le pays et l'Ecole polytechnique ».

M. Cournot, recteur honoraire, s'exprima en ces termes :

« Messieurs, il y a quelques années à peine que le doyen de nos Académies, le vénérable M. Biot, terminait sa longue et glorieuse carrière, et comme il tenait à remettre en de jeunes et vaillantes mains ce qu'il regardait avec raison comme une arme du plus haut prix, cet exemplaire des *Mémoires de Berlin*, qui avait été l'exemplaire de Lagrange lui-même, il prit conseil de nos confrères les plus autorisés, et il le destina à Edmond Bour, au jeune lauréat qui venait de remporter le grand prix de mathématiques de l'Académie des sciences, qui avait été classé le premier, sans hésitation aucune, pendant toute la durée de ses deux années de cours à l'Ecole polytechnique, qui se trouvait à vingt-huit ans revêtu du titre de professeur dans cette grande institution, et pour ainsi dire au seuil de l'Académie. Hélas ! jeunes gens qui m'écoutez et qui êtes venus rendre un pieux devoir à ce maître dont vous étiez fier comme de l'un des vôtres, tant son âge le rapprochait de vous, vous voyez de bonne heure, dans ce touchant exemple des jeux cruels de la destinée, combien il faut se hâter, si l'on est de ceux qui se sentent capables de laisser après eux une trace durable de leur passage sur la terre, quelque chose qui, en conservant leur mémoire, accroisse le dépôt de ces hautes connaissances, le plus digne, le plus impérissable objet des efforts de l'homme. Dans sa vie si courte, notre ami a suffisamment montré qu'il était de ce nombre. Ainsi l'ont décidé des juges trop compétents pour que nous puissions craindre de céder aux illusions de l'amitié, et, si j'ose le dire, à celle d'une tendresse paternelle. A peine sorti des écoles, la vocation scientifique d'Edmond Bour, qui semblait incertaine, tant il s'appliquait avec un égal succès à tous les genres d'études, se prononce pour les mathématiques, et de prime abord ses recherches se portent sur ces parties élevées de la mécanique rationnelle, qui ne sont pour ainsi dire plus de la mécanique, tant le raisonnement s'y abstrait, se généralise, de manière qu'un théorème de dynamique soit en même temps la solution d'un problème d'analyse, constitue un moyen de calcul et d'intégration. Il perce dans cette voie que Lagrange a ouverte, où Jacobi et Hamilton se sont avancés, où d'autres plus heureux le suivront sans le faire oublier, malgré l'interruption de son œuvre. En même temps qu'il éclaire d'un jour nouveau ces régions supérieures de la science, et quoique atteint déjà du mal qui l'a tué, il n'oublie point ses devoirs de professeur : il rédige son cours de mécanique dont la première partie seulement, la *Cinématique*, vient de paraître sous sa forme définitive, mais dont il est permis d'espérer que la publication se continuera, grâce au zèle pieux d'un ami. Ainsi, de maître en maître, les parties même de la science qu'on pouvait croire fixées et presque vieillies, vont sans cesse en se rajeunissant. Un mot heureux créé par Ampère a suffi pour changer l'enseignement de la mécanique, en y faisant plus nettement distinguer ce qui est du ressort de la géométrie, et ce qui suppose des notions d'un autre ordre, ce qui se complique des données de l'observation. On a franchement reconnu l'idépendance de la cinématique, non peut-être sans lui passer parfois quelques petits empiètements. Notre ami aura utilement pris part à ce travail de rénovation didactique, pour lequel les facultés inventives ne sont pas de trop, même quand il semble qu'il n'y a plus qu'à arranger.

De vifs applaudissements, de solides et flatteuses récompenses sont venues bien vite, il faut le reconnaître, encourager le talent qui s'annonçait ainsi, et dont les premiers succès en promettaient d'autres. Un instant l'on a pu croire qu'il allait recevoir une consécration encore plus solennelle. Faut-il s'étonner maintenant si ce qui n'était pour ses amis, pour tout le monde, qu'une partie remise, lui a paru être une partie perdue ? Hélas ! nous avons tous nos tristes pressentiments, et quelque chose apparemment lui disait trop bien qu'il n'avait pas le loisir d'attendre, qu'il était de ceux qui n'assistent qu'un jour au banquet de la vie.

Combien n'a-t-il pas fallu que ses généreux protecteurs se hâtassent, pour qu'une autre récompense vînt le trouver à sa dernière heure et presque à titre de récompense posthume !

Excusez-moi, messieurs, d'avoir pris ici la parole pour dire ce que vous sentez comme moi, ce que vous savez bien mieux que moi. On a pensé que ce devoir regardait l'ami d'enfance de ce vieux père qui tout à l'heure pleurait devant vous ; le compatriote qui sait avec quelle touchante unanimité de regrets une ville entière ressent la perte de celui qu'elle regardait avec orgueil comme le mieux doué de ses enfants. Au nom de tant d'amis désolés et épars, adieu, cher Edmond !... » (1).

Le 10 mars 1866, le Conseil municipal de Gray prit la délibération suivante :

« ...M. le maire fait part au conseil de la perte doulou-
« reuse et regrettable que la ville de Gray vient de faire dans la
« personne de M. Jacques-Edmond-Emile Bour, décédé à Paris
« le 8 mars courant, ingénieur des Mines, professeur à l'Ecole
« polytechnique, né à Gray le 19 mai 1832, une des notabilités
« scientifiques de notre époque, enlevé par une mort prématu-
« rée aux sciences et à ses concitoyens.

« M. le maire, croyant répondre aux sentiments unanimes
« de la population, a convoqué extraordinairement le conseil
« municipal, afin de prendre les mesures nécessaires pour hono-
« rer et perpétuer sa mémoire. Le conseil, sur la proposition
« de M. le maire, a décidé à l'unanimité que les dépouilles
« mortelles de M. Jacques-Edmond-Emile Bour seraient récla-
« mées à sa famille pour être transférées à Gray ; que ses funé-
« railles seraient faites aux frais de la ville, et qu'une conces-

---

(1) *Moniteur universel*, 24 mars.

« sion perpétuelle et gratuite dans le cimetière serait accordée
« pour recevoir ses dépouilles. Pour assurer l'exécution de ces
« mesures, le Conseil a nommé une Commission composée de
« MM. Renaud, Cornet, Noir et Versigny.

« Le Conseil a en outre décidé que cette Commission s'oc-
« cuperait ultérieurement de l'érection d'un monument à la
« mémoire de M. Bour.

> « Délibéré à l'Hôtel-de-Ville de Gray, les jour, mois et
> « an que dessus, et les membres présents ont signé
> « au registre ».

M. le maire Alexandre Revon écrivit le même jour à **M. Bour**
père :

Cher monsieur,

J'ai l'honneur de vous adresser ampliation d'une délibération, en date de ce jour, par laquelle le Conseil municipal
exprime tous les regrets qu'il éprouve de la perte douloureuse
que vous venez de faire et sollicite la remise du corps de monsieur votre fils, pour être inhumé dans le cimetière de notre
ville.

La mort prématurée de ce cher concitoyen a ému la population entière, qui s'enorgueillissait de ses succès et qui le
considérait, avec raison, comme le plus illustre de ses enfants.
L'unanimité des regrets et la sympathie publique sont des consolations pour adoucir l'amertume d'un pareil malheur.

Agréez, mon cher monsieur, tant en mon nom personnel
qu'au nom de mes concitoyens, l'expression de nos regrets et de
toute notre sympathie

> Le maire : A. REVON.

*Le lundi 12 mars, les funérailles solennelles d'Edmond
Bour furent célébrées dans sa ville natale, en présence de toutes
les autorités, du personnel et des élèves du collège, et d'un déta-
chement du 29ᵉ de ligne.*

*Sur la fosse, le premier adjoint, M. Fournier, prononça,
d'une voix très émue et les larmes aux yeux, le discours suivant :*

MESSIEURS,

« La triste cérémonie qui nous rassemble a pour objet de
rendre les derniers devoirs à un homme dont la perte est un

deuil pour l'Ecole polytechnique, dont il était un professeur
distingué. Cette Ecole a bien voulu envoyer un digne représentant pour se joindre à nous, et nous l'en remercions. La perte
d'Edmond Bour est aussi un deuil pour la science dont il se
plaisait à sonder les profondeurs qu'il creusait encore. C'est un
deuil pour la France, dont il était déjà une des gloires ; mais un
deuil surtout pour notre ville, dont il était un des enfants qui
lui faisait le plus d'honneur. Aussi, dès que la nouvelle de sa
mort nous est arrivée, le conseil municipal, dans une unanimité complète, s'est empressé de réclamer ses dépouilles mortelles. Il a voulu que tous les compatriotes de Bour puissent
venir jeter des fleurs sur sa tombe, déposer sur cette tombe
l'expression de leurs regrets. Edmond Bour est né à Gray, il y a
été élevé, et il venait passer dans sa famille, alors heureuse,
tous les instants que ses nombreuses occupations lui laissaient
libres. Vous avez aussi fait une perte immense, famille désolée :
mais si les sympathies de toute une ville, depuis le premier
magistrat jusqu'au dernier habitant, si ces sympathies peuvent
être pour vous, non une entière consolation, le temps seul peut
produire cet effet, mais un adoucissement à votre légitime douleur, croyez-le, elles vous sont acquises.

Plus qu'un mot, Edmond Bour, en t'adressant notre dernier
adieu : tu as vécu, tu es mort en bon chrétien, et nous avons la
ferme espérance que tu jouis maintenant dans le ciel du bonheur que Dieu a promis à ceux qui, comme toi, ont pratiqué
toutes les vertus. »

*Après lui, M. Bertrand, capitaine d'état-major, attaché à
l'Ecole polytechnique (1), prononça les paroles que voici :*

Messieurs,

« Avant que la tombe se referme sur les restes de celui que
pleure une famille désolée, que pleure une cité tout entière,
permettez-moi de dominer un instant la douleur commune,
pour dire au nom de l'Ecole polytechnique un dernier adieu à
notre camarade Bour.

L'Ecole polytechnique perd dans Edmond Bour un de ses
enfants les plus chers, elle aurait pu dire bientôt, un des plus
illustres ! Elle a voulu apporter sur sa tombe le témoignage de
ses regrets et s'associer à votre deuil.

---

(1) Il n'était point parent de Joseph Bertrand.

Il ne m'appartient pas de retracer ici les titres si nombreux que Bour avait su acquérir dans les sciences : des voix éloquentes et mieux autorisées que la mienne ont fait ailleurs l'éloge de ses travaux et montré les ressources de cette vaste intelligence, de ce génie mathématique.

Ce qu'il fut, vous le savez comme moi, Messieurs, et si les paroles manquent aux faits qu'elles voudraient convenablement redire et dignement honorer, les regrets et les larmes de l'assistance qui se presse autour de cette tombe ouverte parlent mieux qu'un discours funèbre.

En terminant, laissez-moi, Messieurs, au nom de l'Ecole polytechnique, remercier la Ville de Gray, qui en rendant spontanément à Edmond Bour un tribut de regrets si solennel, jette sur sa mémoire un honneur dont nous sommes fiers, et dont vous nous permettrez de prendre notre part.

Enfin M. l'avocat Lompré adressa, dans les termes suivants, un dernier adieu à l'ancien condisciple, à l'ami.

Messieurs,

« Permettez à un ancien condisciple, à un ami de celui à qui nous adressons aujourd'hui un suprême adieu, de vous entretenir quelques instants encore de la perte immense que nous avons faite dans la personne d'Edmond Bour.

Je n'ai pas la prétention de vous dire combien était étendue et puissante cette intelligence vraiment extraordinaire, qui a fait d'Edmond Bour un savant de première ordre à l'âge où la plupart des hommes cherchent encore leur voie, ni de faire ici l'éloge, d'ailleurs au-dessus de ma portée, des divers travaux scientifiques qui ont révélé toute la profondeur de son génie mathématique. C'est de l'homme, c'est de l'âme, dont j'ai pu apprécier pendant vingt-cinq années les belles et excellentes qualités, que je viens vous parler.

J'ai connu Edmond Bour dès son entrée au collège de Gray, et, pendant tout le cours de ses études, j'ai vu chacune de ses étapes scolaires marquée par des succès : reçu bachelier ès-lettres à l'âge de dix-sept ans, il entrait l'année suivante à l'Ecole polytechnique, où il ne tardait pas à conquérir le premier rang ; nommé ingénieur des Mines, puis professeur à l'Ecole polytechnique, il se signalait bientôt par des productions scientifiques qui attiraient sur lui l'attention du monde savant, et qui, d'après les juges les plus compétents, auraient dû lui ouvrir, à l'âge de vingt-neuf ans, les portes de l'Institut.

Certes, celui dont le précoce génie se manifestait avec tant d'éclat aurait pu à bon droit s'enorgueillir de la brillante position qu'il s'était faite, et qui n'était après tout que la juste récompense due à son mérite ; mais si, dans Edmond Bour, il y avait une qualité qui fût pour ainsi-dire au niveau de sa supériorité intellectuelle, c'était à coup sûr sa modestie. Aussi puis-je affirmer, sans crainte d'être contredit, que jamais la renommée de ses succès n'a inspiré à personne de bas sentiments d'envie ; loin de là, chacune des distinctions dont il était l'objet devenait un sujet de joie pour tous ses condisciples, dont il avait gagné l'affection par la bienveillance et l'aménité de son caractère, et un sujet de fierté pour tous ses compatriotes, qui voyaient s'élever en lui une illustration pour la ville de Gray.

Pourquoi faut-il qu'une intelligence aussi bien douée, une bonne et sympathique nature comme la sienne, soit ainsi moissonnée aveuglément par l'impitoyable sort !.

O mon cher Edmond, ta carrière a été bien trop courte, non seulement pour la science, dont tu étais déjà un des représentants les plus distingués, mais encore pour tes nombreux amis, qui perdent en toi un cœur d'élite, et surtout pour tes excellents parents, dont nous avons partagé le légitime orgueil, et dont nous partageons aujourd'hui la douleur. Mais si tu ne dois plus vivre au milieu de nous, si cette tombe entr'ouverte va se refermer pour jamais, nous tous qui t'avons connu et qui t'aimions, nous garderons religieusement ton souvenir dans nos cœurs, et, là du moins, tu ne mourras pas » (1).

Le 20 mars 1866, M. Renaud fit ce rapport devant le conseil municipal au nom de la commission nommée le 10 de ce mois..

« ... Votre commission, dit-il, s'est réunie à cet effet sous
« la présidence de M. Revon, maire, et a posé les questions sui-
« vantes :

« 1º Quel monument doit être élevé à la mémoire de
« M. Edmond Bour ?

« 2º Les frais nécessaires à sa construction ne doivent-ils
« pas être couverts au moyen d'une souscription, à laquelle
« pourront concourir non seulement les habitants de la ville
« de Gray et l'Ecole polytechnique, mais encore toutes les per-
« sonnes qui voudront s'associer à notre deuil ? Et en cas d'af-
« firmative, comment cette souscription sera-t-elle faite ?

« Sur la première question, votre commission a pensé

____

(1) *Presse Grayloise.*

« qu'un monument devra être élevé sur la place où a été dé-
« posé le corps d'Edmond Bour ; sa construction rappellera,
« dans un style sévère, le souvenir du jeune et savant profes-
« seur.

« Les détails de l'exécution seront confiés soit à M. le Maire,
« soit à la commission que vous désignerez.

« Mais l'érection de ce monument rend-elle d'une manière
« assez complète l'expression des regrets de la part des habi-
« tants de la ville ?

« Votre commission ne l'a pas pensé.

« Edmond Bour est l'enfant adoptif de Gray.

« La ville entière a suivi avec intérêt ses progrès dans la
« science.

« Elle a appris avec orgueil ses succès ; elle a applaudi à
« ses triomphes.

« Elle vient de recueillir pieusement ses cendres.

« Vous avez vu, pendant la triste cérémonie du 12 mars, la
« population se presser autour de son cercueil pour lui dire un
« dernier adieu.

« Nous sommes donc convaincus que nous répondrons
« aux vœux les plus chers en plaçant son buste à l'hôtel de
« ville.

« Votre commission a repoussé l'idée de lui élever une
« statue sur une des places publiques.

« La mort est venue frapper Edmond Bour à l'âge de trente-
« quatre ans. Tous les germes de la science étaient déposés
« dans cette vaste intelligence, mais ils commençaient seule-
« ment à éclore : c'était un savant dont le mérite reconnu et
« incontesté dans le cercle étroit des hommes de science allait
« lui acquérir cette popularité qui s'attache aux plus hautes
« fonctions et à de grandes découvertes.

« Bour, comme vous le savez, était modeste : l'éclat qu'on
« jetterait autour de sa tombe ne serait nullement en harmonie
« avec les habitudes de sa vie.

« Le buste d'Edmond Bour, avec piédestal, serait placé
« dans la salle des actes de l'état civil, en face du tableau de
« Mouchet.

« Sur la deuxième question, les renseignements qui ont
« été fournis à la commission permettent d'affirmer que les
« élèves de l'Ecole polytechnique, les anciens camarades de
« Bour, ses amis, les notabilités de la science, désirent partici-
« per à cette œuvre.

« Nous proposons donc d'ouvrir une souscription, sous le
« patronage de la ville de Gray, qui aurait pour objet de faire
« concourir toutes les personnes qui voudraient donner leur
« adhésion, soit à Gray, soit à l'Ecole polytechnique, soit dans
« les autres localités.

« Afin d'arriver au but proposé, on formerait une commis-
« sion plus étendue que la première, pour répandre la liste et
« la faire parvenir à toutes les personnes qui voudraient accor-
« der leur participation.
« La commission serait composée de la manière suivante :
« M. Revon, maire, officier de la Légion d'honneur, président ;
« dans le sein du conseil municipal : l'ancienne commission,
« composée de M. Renaud, adjoint ; MM. Cornet, Noir-Anney et
« Versigny, conseillers municipaux, auxquels il conviendrait
« d'ajouter M. Reverchon, membre du conseil municipal, en sa
« qualité d'ancien élève de l'Ecole polytechnique ; la deuxième
« catégorie de commissaires se composerait des membres de
« l'Ecole polytechnique que M. le général Favé, directeur de
« l'école, voudrait désigner ; la troisième catégorie se formerait
« de : MM. le duc de Marmier, député de l'arrondissement de
« Gray ; Cournot, ancien recteur d'Académie ; Lélut, membre
« de l'Institut ; Kretz, ingénieur en chef des tabacs ; Le Joyand,
« lieutenant-colonel en retraite ; Gaston Nourrisson, comman-
« dant d'artillerie ; Cuenot, commandant du génie en retraite ;
« Mongin, membre du conseil général ; Aubert, maire d'Arc ;
« Accarier, propriétaire à Arc ; Gasner, négociant au port ;
« Petiet, avocat ; Lompré, avocat ; Magnin-Boisson, proprié-
« taire ; Bridan fils, avocat ».
« Ce rapport a été approuvé à l'unanimité par le Conseil,
« qui prie M. le Maire de vouloir bien remplir toutes les for-
« malités nécessaires pour exécuter la présente délibération... »

*En vertu de celle-ci, une souscription permit d'élever le mo-
nument que l'on voit au cimetière : c'est une colonne brisée, en
marbre gris, qui porte une inscription et est entourée d'une grille
sur laquelle se détache un médaillon.*

*Le buste d'Edmond Bour, œuvre de M. Iselin, de Lure, a été
placé vers la même époque à la mairie : il est maintenant au
Musée.*

*Les élèves de l'Ecole polytechnique firent répandre la circu-
laire suivante :*

Paris, 20 avril 1866.

Monsieur et cher camarade,

La science et l'Ecole polytechnique viennent de faire une perte profondément regrettable dans la personne de Monsieur Edmond Bour, ingénieur des
Mines, professeur à l'Ecole polytechnique.

Cet excellent camarade n'était pas seulement un géomètre éminent, aussi
remarquable par le cœur que par l'esprit, il était l'espoir et le soutien de sa

12

famille. A force de sacrifices, il était parvenu à ouvrir une carrière à ses deux frères, mais la mort ne lui a pas laissé le temps d'assurer l'avenir de sa sœur.

Quelques amis, témoins de ses derniers moments, et voulant répondre à ce vœu de son cœur, ont ouvert une souscription dans le but de constituer une dot à mademoiselle Bour. Déjà l'Académie des sciences et l'Ecole polytechnique se sont associés à cette pensée ; nous avons été chargés de nous adresser plus spécialement aux camarades du corps des Ponts et Chaussées. Nous espérons que vous voudrez bien prendre part à cette bonne œuvre, et nous vous prions de faire connaître l'ouverture et le but de cette souscription à tous les camarades qui n'auraient pas été prévenus directement.

Agréez, monsieur et cher camarade, l'expression de mes sentiments affectueux et dévoués.

AVRIL, EMMERY, BRESSE, DURAND-CLAYE,

N. B. — Adresser le montant de la souscription en mandats sur la poste ou en timbres-poste, au camarade Mannheim, professeur à l'Ecole polytechnique, rue de la Paix, 10, à Paris.

Il est à désirer que les fonds lui parviennent le plus tôt possible (1).

La mort d'Edmond Bour produisit une pénible impression sur les savants qui l'avaient apprécié. « C'est une perte énorme pour la science, écrivit Etienne Arago, perte qui sera comprise par les savants les plus éminents de l'Europe (2) ».

Un élan généreux permit de réunir une somme assez forte pour acheter des obligations du chemin de fer de l'Est au nom de mademoiselle Anna Bour, qui toucha primitivement de ce chef une rente de huit cents francs (3). Les journaux mentionnèrent avec éloges ce trait de solidarité, qui fait honneur en même temps aux sentiments des professeurs, des condisciples, des élèves du jeune savant, et aux qualités de caractère que celui-ci avait révélées, pour exciter des regrets aussi durables, des sympathies aussi actives.

Napoléon III accorda, sur sa cassette, une pension de

---

(1) On s'est appuyé sur ce précédent pour fonder la Société amicale de secours des anciens élèves de l'Ecole polytechnique, laquelle se substitue, dans bien des cas, au membre décédé étant soutien de famille.

(2) L'*Avenir national*, n° du 11 mars 1866.
Un inspecteur général, ancien professeur de physique au lycée Saint-Louis, ayant appris de M. Renaud, maire de Gray, qu'Edmond Bour en était originaire, s'écria spontanément : « Si Bour vivait, il serait à la tête du monde savant ».
(Discours de M. Renaud à la distribution des prix du collège de Gray, en 1880).

(3) Cette rente a été singulièrement diminuée par suite de l'établissement de l'impôt de trois, puis de quatre pour cent sur les valeurs mobilières, etc.

six cents francs à M. Bour père, qui la toucha jusqu'à la
fin de l'Empire. Il en fut informé par la lettre suivante :

Monsieur,

Je m'empresse de vous annoncer que Sa Majesté l'Empereur, en considération des services de votre fils, que la France vient de perdre, a daigné, par une décision en date du 31 mars dernier, vous accorder une subvention annuelle de six cents francs sur les fonds de la liste civile impériale.

Pour assurer le service et les arrérages de cette subvention, qui seront payables par trimestre à dater du 1er mars 1866, je vous prie de m'adresser une expédition de votre acte de naissance, laquelle pourra être adressée sur papier libre.

Recevez, etc.

Le Maréchal de France,
Ministre de la Maison de l'Empereur et des Beaux-Arts.

6 avril 1866.   VAILLANT (1).

Le 13 mai 1868 seulement, l'Académie des Sciences
décerna le grand prix de mathématiques au dernier
mémoire d'Edmond Bour, celui qu'il avait publié en 1862
sous le titre de *Mémoire sur l'intégration des équations
aux dérivées partielles du premier et du second ordre,*
dans le *Journal de l'Ecole polytechnique* (2).

Deux travaux du géomètre graylois avaient donc
obtenu successivement le premier prix de mathématiques.

Ce fut M. Bour père qui dut aller recevoir le prix
mérité par son fils aîné : il avait jadis versé plus d'une fois
des larmes bien douces, quand son enfant, après ses
succès d'école, en avait eu deux fois de plus éclatants :
ses émotions étaient bien différentes, quand il lui fallut
remplir ce douloureux office. Il reçut à une séance publique une médaille commémorative ; et les anciens maîtres
ou collègues de son fils lui exprimèrent avec cordialité les
sentiments qu'ils ressentaient.

Quelques amis d'Edmond Bour s'occupèrent avec un
soin pieux d'achever la publication de son cours de mécanique. Le deuxième fascicule parut en 1868, l'année même

---

(1) (Communication de M. le colonel Mannheim).
(2) « L'Académie, écrivit le secrétaire perpétuel Elie de Beaumont à M. Bour père, a décerné ce prix à M. Edmond Bour, comme un dernier témoignage de haute estime et de sympathiques regrets ». M. Bour père reçut une somme de 3.000 fr. affectée à ce prix.

où l'Institut décernait au défunt le grand prix de mathématiqūes. Il a pour titre : *La statique et le travail des forces dans les machines à l'état de mouvement uniforme.* Il fut édité par les soins de M. Philippe, en collaboration avec MM. Collignon et Kretz.

Le troisième, intitulé : *La Dynamique et l'Hydraulique*, a été imprimé seulement en 1874, par les soins des mêmes savants.

Le mathématicien graylois, mort avant d'avoir accompli sa trente-quatrième année, a donc laissé un cours, qui, au jugement d'hommes autorisés, « constitue un traité complet fort estimé » (3). La préface de son cours est fort remarquable.

Il a en outre, dans cette vie si courte, fait progresser les hautes mathématiques, et donné l'exemple de toutes les vertus privées.

Ce savant éminent était fort attaché à sa ville natale ; et celle-ci est fière à juste titre de lui avoir donné le jour : il y aurait donc lieu, nous semble-t-il, pour la municipalité, à perpétuer la mémoire d'Edmond Bour en donnant son nom au collège ou à l'école communale de garçons.

______

(3) *Encyclopédie du XIXe siècle,* par Larousse. 2e supplément. — *Grande encyclopédie* (Berthelot) : Le *Traité de mécanique* de Collignon cite plusieurs fois le cours d'Edmond Bour (dans les volumes consacrés à la cinématique et à la statique).

TABLE DES MATIÈRES

PAGES

Préface 1-XI

Lettres choisies d'Edmond Bour 1

Conclusion 149